SCIENTIFIC TRAINING MANUAL

科学训练手册

雪车·钢架雪车·雪橇

袁晓毅 ◎ 著

中国出版集团
中译出版社

图书在版编目(CIP)数据

科学训练手册：雪车、钢架雪车、雪橇 / 袁晓毅著. -- 北京：中译出版社，2021.7

ISBN 978-7-5001-6716-7

Ⅰ. ①科… Ⅱ. ①袁… Ⅲ. ①雪橇运动－运动训练－手册 Ⅳ. ①G863.22-62

中国版本图书馆CIP数据核字（2021）第143842号

出版发行 / 中译出版社
地　　址 / 北京市西城区车公庄大街甲4号物华大厦6层
电　　话 /（010）68005858，68358224（编辑部）
传　　真 /（010）68357870
邮　　编 / 100044
电子邮箱 / book@ctph.com.cn
网　　址 / http://www.ctph.com.cn

责任编辑 / 范　伟
封面设计 / 潘　峰
排　　版 / 潘　峰
印　　刷 / 北京玺诚印务有限公司
经　　销 / 新华书店
规　　格 / 710mm × 1000mm　1/16
印　　张 / 17.5
字　　数 / 210千字
版　　次 / 2021年7月第一版
印　　次 / 2021年7月第一次

ISBN 978-7-5001-6716-7　.定价：98.00元

版权所有　侵权必究
中 译 出 版 社

序 I

科学训练是从事训练工作者一生追求的目标，是对项目规律、人体奥妙不断"认识—实践—认识"的过程。运动员优异成绩的取得离不开对选材、训练控制、运动项目的认识及排除训练干扰等因素的持续探索。

作者自身高水平的运动训练经历、教育学博士学习期间打下的扎实理论基础、长期从事夏季奥林匹克运动项目教练员培养和备战工作，以及同时拥有的 2022 年北京冬奥会备战保障团队工作经历和执教多支国家队的经验，使得本书理论分析清晰、行文朴实无华、项目分析视角独特。

本书溯本求源，以"冬奥冰道滑降项目"来统一命名并据此认识雪车、钢架雪车、雪橇的项目特征和制胜规律，其观点和内容将会对体育项目的发展与人才培养起到重要的理论意义和实践指导作用。本书集当今前沿研究之要义，并回答了训练中的科学与科技问题，其视角独特、语言直观易读。本书提出以"网络结构"理解人体及人体运动能力发展复杂性的成果是"非衡结构"理论研究的新进展，由此衍生训练理念的完善、训练方法手段的创新必定会启发到对其它运动项目的认识。

此书的出版填补了我国雪车、钢架雪车、雪橇理论研究的相关空白，相信会对形成我国独特的"冰道滑降"项目理论，促进体育项目的发展起到重要作用。

书中能够感受到作者孜孜以求的研究品格。相信此书能够影响更多的人关注冰雪运动。

2021 年 7 月 1 日

序
II

  1990年,我进入运动场开始接受系统的训练,转眼三十年过去了,我从一名运动员成长为一名体育工作者,各类运动场仍是我最熟悉的,也是我最主要的生活和工作场所。体育运动是人类以身体活动为主要形式的自我教育,是一个国家文化软实力的体现,更是一条从强身健体到健全人格再到美好生活的演进之路。

  "体育""运动""训练"伴随人类的进化与发展已有几千年历史,可以说人类有多少种文化就有多少种运动项目。"运动"形成自己较为独立的体系,与生产、军事、娱乐嬉戏脱离只有百余年时间,相较而言,体育运动是一个不成熟的学科。体育运动最主要的三个研究对象是运动中的人、运动中人的行为、运动中人与装备器材的交流互动,涉及自然科学、社会科学、思维科学等多个学科,任何一个运动项目的训练工作均极具挑战。

  二十一世纪,我们日常生活的每个细节都有科学来支撑。我们享受着科技文明的成果,谁也不会怀疑科学的用处。科学,不是一般的自然知识。它是一种观念集合,包含对事物的特定看法、处理问题的特定方法、知识制造的特定机制,是人类看待自然、研究自然、改造自然的方式。

  人们要想真正领会什么是科学,可以从科学的确定性、逻辑的连贯性、可证伪的特征入手,也可从质疑、批判、理性的思考方式理解。掌握科学的训练方法,益于协助运动员实现其个人的梦想。

  自改革开放之初中国提出"冲出亚洲,走向世界"的体育口号至北京2008年成功举办奥林匹克运动会(简称"奥运会")和2015年成功申办2022年冬季奥运会,体育发展的核心使命与实现中华民族伟大复兴的中国梦紧密相连,"带动三亿人参与冰雪运动""体育强则中国强",是我们进一步融入世界的证明、也是对时代主题的回应。

2022年北京冬季奥运会设置七个大项、十五个分项,将产生109枚金牌。本书在梳理、总结作者过去三年的执教经历、科研与教学成果的基础上第一次尝试向国人全面介绍雪车、钢架雪车、雪橇这三个运动项目,亦可为其他项目训练工作提供借鉴。

本书分为五个章节,同时也具有五个特色。其一是"共轭与分叙",在深入分析制胜规律的基础上,以"冬奥冰道滑降项目"统一命名雪车、钢架雪车、雪橇,并有针对性地分叙;其二是"溯本与前沿",系统介绍三个项目的历史发展、规则、赛道、器材装备,实例举证最新科研成果与科技手段;其三"突出实践与应用",理论与实践、基础与应用相结合,根据已有科学成果以网络结构理解人体及人体运动能力发展的复杂性,提出优化运动表现的策略;其四是"友善亲和",以大量第一手资料、图片、图表增加手册的可读性与易读性。其五是"多元视角",以多元视角启发多元思考,探究解决问题的最优路径。

本书的出版,包含先哲及帮助过我的师长、朋友们的智慧,希冀有助于读者,尤其是教练员、运动员、科研人员和管理人员,更乐于得到大家的指导,我也将继续为推广冰雪项目,提高我国竞技体育训练水平而努力。

2020年10月28日

目录

第一章 概要 ········· 001
 一、项目简介 ········· 003
 二、竞赛规则 ········· 016
 三、器材装备 ········· 021
 四、赛道 ········· 025
 五、杰出运动员 ········· 038

第二章 训练中的科学与科技 ········· 057
 一、科学训练基础 ········· 059
 二、科技手段应用 ········· 095

第三章 冬奥冰道滑降项目 ········· 103
 一、竞技能力特征 ········· 105
 二、制胜规律 ········· 115

第四章 提高优化运动表现 ········· 128
 一、周期计划 ········· 129
 二、启动训练 ········· 139
 三、滑行训练 ········· 149
 四、体能训练 ········· 160
 五、诊断分析与调控 ········· 182

第五章 发展与保障策略 ········· 203
 一、选材与运行 ········· 205
 二、膳食与营养 ········· 223
 三、运动损伤与心理调节 ········· 236

冬奥冰道滑降项目术语中英文对照表 ········· 249
参考文献 ········· 255

第一章

概要

一、项目简介

受俄国化学家门捷列夫的化学元素周期表的启示,我国学者田麦久注意到某些运动项目具有共同的竞技特点、相似的训练要求和制胜规律,即运动项目的"集束性特征",为更加科学地表述众多竞技运动项目之间的有序性,更加深刻地认识竞技运动项目的客观规律,提出了"项群训练理论",并依据运动员竞技能力的主导决定因素将奥运会主要竞赛项目分为4个亚类,共9个项群。历经30余年的发展,运动项目的规则、评分细则、比赛器材与场地都发生了变化,对运动员的主要竞技能力也提出了不同的要求,如体操是技能主导类表现难美性运动项目,但美国体操选手西蒙·拜尔斯(Simone Biles)却将力量、速度和技术相结合,表现出"刚柔并济"的特点,在里约奥运会上横扫4金、1银,改变了传统"项群训练理论"提出的固有思维。此外,自从1983年提出"项群训练理论"以来,国际奥组委新增设多个奥运会比赛项目(如钢架雪车、轮滑、攀岩),因此,重新审视、细化运动项群分类,将有助于运动项目理论的丰富与完善。

在中国竞技体育大格局中,"夏强冬弱""冰强雪弱"是不争的事实,尤其是冰雪运动项目,冬季奥林匹克运动会(以下简称"冬奥会")109个小项中雪上项目(66项)比冰上项目(43项)多23枚金牌,但我国"冰强雪弱"的偏科现象仍十分突出。2017年,我国在第八届亚洲冬季运动会夺得

12枚金牌，其中冰上项目8枚、雪上项目4枚。我国若要改变"冰强雪弱"的现状，可借助"项群训练理论"将冬奥会项目进行分类，推动运动员选材及竞技人才流动的研究，促进同一项群各单项之间训练方法的借鉴、移植、创新与发展。

纵观历届冬奥会，中国队共夺得13枚金牌，其中冰上项目12枚（短道速滑10枚、花样滑冰1枚、速度滑冰1枚）、雪上项目1枚（自由式滑雪1枚），且冰上项目主要集中在短道速滑项目上，而占近1/4冰上项目的雪车、钢架雪车和雪橇项目在2015年才得到发展。这3个项目是运动员操控车橇，沿有一定落差和弯道的冰道滑行竞速类项目，而同样需完成一定落差和不同转向的高山滑雪大回转和单板滑雪大回转项目则属于雪上项目。雪车、钢架雪车和雪橇发展初期，是供人们在雪山间游玩的载具，从正式举办比赛开始，主办方为保证人身安全，用雪挤压成冰的方式搭建赛道。为确保冬奥会的顺利开展，举办国陆续开始修建赛道。为确保比赛的公平性与安全性，赛道多为钢混结构，浇注一层厚厚的人造冰，冰道两侧修建护墙（圣莫里茨赛道是唯一一条天然赛道，雪橇项目至今仍保留人工和天然赛道2种竞赛方式）。为方便分析雪车、钢架雪车和雪橇的项目特征和制胜规律，可将这3个项目统一归为冬奥冰道滑降项目，而非"冬奥雪道滑降项目"。

项目介绍

雪车又称"有舵雪橇"，运动员经推"车橇"助跑后跃入"车橇"内，通过掌控舵绳来操纵方向，沿有一定落差和弯道的冰道滑行的竞速运动项目（如图1-1所示）。有女子双人、男子双人和男子四人，2022年北京冬奥会增设女子单人，共计4个小项。

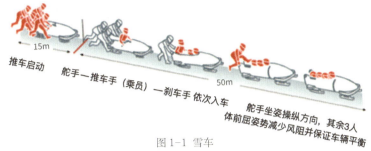

图 1-1 雪车

钢架雪车又称"俯式冰橇",是运动员经俯身助跑,头朝前,脚向后,俯卧在"车橇"上,通过变换身体姿势来操纵方向,沿有一定落差和弯道的冰道滑行的竞速运动项目(如图 1-2 所示),有男子单人和女子单人 2 个小项。

图 1-2 钢架雪车

雪橇又称为"无舵雪橇",是运动员经双手扒地加速,脚朝前,头向后,仰卧在"车橇"上,通过变换身体姿势来操纵方向,沿有一定落差和弯道的冰道滑行的竞速运动项目(如图 1-3 所示),设女子单人、男子单人、双人和团队接力 4 个小项。

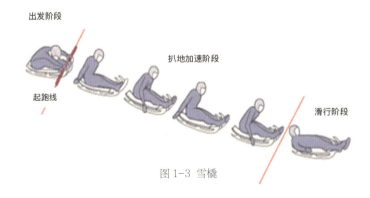

图 1-3 雪橇

历史与现状

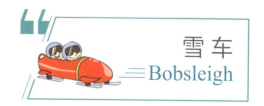

1. 雪车的历史与现状

（1）雪车项目的起源与发展

1897年世界首个雪车俱乐部在瑞士的圣莫里茨成立。1914年，欧洲各天然赛道上开始举行各种各样的雪车比赛。起初比赛使用的是木制雪车（如图1-4所示），但很快被钢制雪车替代。早期，人们认为雪车是一项供富有人士冒险的娱乐活动。那时的人们没有受过专业的训练，只是租用或者购买雪车（如图1-5、图1-6所示）到白雪皑皑的高山上滑行。1923年国际有舵雪橇和平底雪橇联合会（International Bobsleigh and Tobogganing Federation，FIBT）成立。1952年颁布的竞赛规则对人与雪车的总重量提出了明确的要求，雪车项目得以规范。1983年在普莱西德湖举行了技术代表大会，对雪车的外形、配件及运动员穿戴用具的规格做出具体规定，于次年通过并生效。2003年在德国的莱比锡举行的技术代表大会上，规范了关于雪车"刃"的规格、保养，以及比赛对"刃"温度的要求，21世纪的雪车（如图1-7所示）设计更加符合空气动力学要求。

（2）雪车的冬奥历程

1924年，在第1届法国夏蒙尼冬季奥林匹克运动会上雪车项目即被列为正式比赛项目，瑞士、英国、比利时、意大利和法国参加了比赛，最终瑞士队赢得了首届冬奥会男子4人雪车的金牌。男子2人雪车于1932年第3届普莱西德湖冬奥会上被列为正式比赛项目。女子2人雪车2002年进入冬奥会。2022年北京冬奥会，将增设女子单人雪车项目。

(3) 中国雪车国家队的发展

中国雪车国家队于2015年12月成立，次年12月首次参加欧洲杯，派出2对男子双人车组合和2对女子双人车组合。2017年1月10日，中国雪车国家队首次参加北美杯，同年2月17日，首次登上世锦赛舞台。仅用2年时间，2017年11月14日应清和何欣怡获得北美杯卡尔加里站女子双人组第1名，实现金牌零的突破。2周之后捷报再传，李纯健和王思栋获得北美杯普莱西德湖站男子双人组第2名，中国雪车国家队男、女组合已从量变到质变。中国雪车国家队通

图1-4 旧式木制4人雪车

图1-5 旧式木制2人雪车

图1-6 旧式木制2人雪车

图1-7 2018年平昌冬奥会上的2人雪车

图 1-8 中国 4 人雪车在冬奥会上的首秀

过积分赛拿到了 3 张 2018 年平昌冬奥会的入场券。在男子 2 人雪车的比赛中，首次参加冬奥会的王思栋／李纯健、金坚／史昊与世界高手同场竞技，前 3 轮总成绩在 30 对选手中分列第 26 位和第 29 位，无缘决赛。在男子 4 人雪车的比赛中，邵奕俊、王思栋、李纯健和史昊最终获得第 26 名（如图 1-8 所示）。2019 年 2 月 23 日，中国雪车国家队首次参加世界杯系列赛，派出男子双人车、女子双人车、四人车各 2 组。2019 年 12 月 19 日，应清以 1 分 50 秒 73 夺得 2019—2020 赛季国际雪车联合会女子单人雪车系列赛德国国王湖站冠军。截至 2020 年 1 月，中国雪车国家队共有 23 人，其中男运动员 13 人，女运动员 10 人（如图 1-9 所示）。

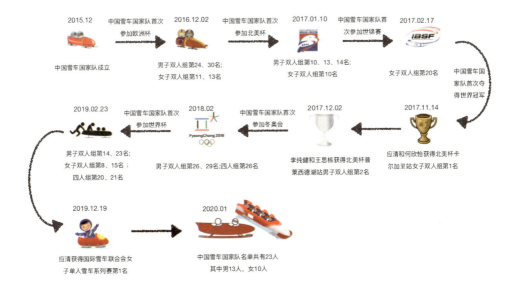

图 1-9 中国雪车国家队的发展历程

（4）雪车在世界各国的发展情况

1928 年至 1956 年美国队是雪车项目的世界霸主，1956 年之后欧洲国家逐渐占据统治地位，尤其是德国和瑞士。瑞士在奥运会、世锦赛、世界杯和欧锦赛上赢得奖牌最多。德国长期专注于雪车的设计和建造，自 1990 年以来成为发挥最稳健、夺冠次数最多的国家。紧随瑞士和德国之后的是加拿大，意大利和拉脱维亚，这 3 个国家也常具备争金夺银的实力。20 世纪 90 年代至今，牙买加和尼日利亚等热带雨林（热带草原）气候国家以及日本、韩国和中国等亚洲国家也陆续开展雪车运动。韩国借助举办冬奥会的契机，历经 8 年培养了一批优秀雪车运动员，在平昌冬奥会上获得了男子 4 人雪车的亚军。

钢架雪车
Skeleton

2. 钢架雪车的历史与现状

（1）钢架雪车的起源与发展

受到加拿大人和印第安人用雪橇（sled）运输的启发，19世纪末阿尔卑斯山周边的国家开始使用平底雪橇（toboggan）。1882年英国士兵建造了一条从瑞士达沃斯到克洛斯特斯的平底雪橇直线滑道。1884年第1次钢架雪车比赛在从瑞士圣莫里茨到塞勒里那结冰的道路上举行，获胜者会得到1瓶香槟作为奖励。1892年，1位英国人设计了主要由金属制成的平底雪橇，由于外

图1-10 20世纪初的钢架雪车比赛

形酷似人体的骨架，从此平底雪橇改名为钢架雪车。1905年在奥地利施蒂里亚，钢架雪车首次亮相正式比赛。1923年11月23日国际有舵雪橇和平底雪橇联合会（International Bobsleigh and Toboggan Federation，FIBT），[现改名为国际雪车联合会（International Bobsleigh&Skeleton Federation，IBSF）]在法国巴黎正式成立。1928年圣莫里茨冬奥会，钢架雪车首次登上冬奥会舞台（如图1-10所示），美国队的詹尼森·希顿（Jennison Heaton）摘得桂冠。1969年在德国国王湖建成世界上第1条人工赛道。美国运动员特里斯坦·盖尔（Tristan Gale）在2002年盐湖城冬奥会上获得冠军，这是冬奥会历史上首枚女子钢架雪车金牌。2004年在德国国王湖赛道上同时举行钢架雪车和雪车的世界锦标赛，在此之前钢架雪车和雪车项目世锦赛是分开举办的。

（2）钢架雪车的冬奥历程

1928年在瑞士圣莫里茨第2届冬奥会上举办过男子钢架雪车比赛，随后其被剔除出冬奥会。直到20年后，圣莫里茨再度举办冬奥会，又把男子钢架雪车列入比赛项目，但由于钢架雪车危险系数较高，当时的赛道能提供给运动员的安全保障条件有限，此届冬奥会后钢架雪车项目再度被取消。直到2002年美国盐湖城冬奥会时，钢架雪车重新成为冬奥会的比赛项目，并设有男、女钢架雪车2个单项。

（3）中国钢架雪车国家队的发展

中国钢架雪车国家队于2015年10月成立，仅3个月后，中国钢架雪车国家队便派出2男2女前往德国国王湖首次参加国际比赛——欧洲杯，最终收获女子组第20、27名，男子组第21、29名。2016年3月4日，中国钢架雪车国家队首次参加北美杯，并收获女子组第5、9、15名，男子组第14、15、19名。同年11月中旬，中国钢架雪车国家队首次参加洲际杯，获得男子第7名和女子第21名。2017年起，以耿文强为代表的中国钢架雪车国家队首次现身世锦赛、世界杯和冬奥会，屡次向世界更高的舞台发起冲击，实现了中国选手在国际雪车联合会（IBSF）举办的所有系列赛及冬奥会上参赛和完赛"零的突破"。2018年11月7日，耿文强在北美杯首站比赛中用时最短，是中国钢架雪车国家队在国际雪车联合会组织的比赛中获得的第1个冠军。2018年12月7日，闫文港以1分42秒85的成绩摘得欧洲杯国王湖站桂冠。2019年是中国钢架雪车国家队"丰收"的一年，收获5站北美杯系列赛冠军，其中耿文强和闫文港各夺1站冠军，朱杨琪一枝独秀，2日连夺3站冠军。截至2020年1月，中国钢架雪车国家队共有20人，其中男运动员9人，女运动员11人（如图1-11所示）。

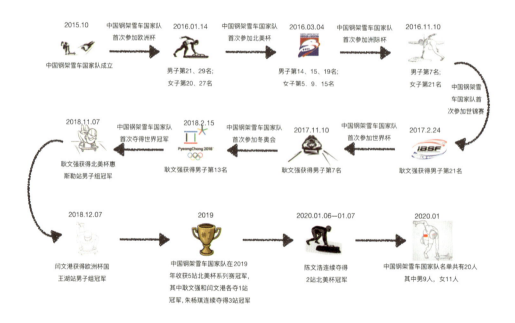

图1-11 中国钢架雪车国家队的发展历程

3. 雪橇的历史与现状

（1）雪橇的起源与发展

雪橇的起源最早可以追溯到 1480 年的北欧，故得名北欧雪橇。1883 年 2 月 12 日，澳大利亚、英国、德国、荷兰、瑞典和瑞士 6 个国家在瑞士的达沃斯和克洛斯特斯之间的 4km 公路上参加了第 1 届国际雪橇比赛（如图 1-12 所示），最终的胜利属于澳大利亚的一对组合。1913 年，奥地利、德国和瑞士在德国德累斯顿（Dresden）成立了"国际雪橇体育联合会"。1914 年举行了第 1 届欧洲锦标赛（如图 1-13 所示）。1928 年举办的第 2 届欧洲锦

图 1-12 19 世纪天然赛道雪橇比赛

标赛中，首次出现了女子组别的雪橇比赛，希尔德·劳帕奇（Hilde Raupach）成为首位夺得雪橇欧锦赛冠军的女运动员。1955年举行了第1届世锦赛，共有8个国家参加。1957年"国际无舵雪橇联合会"（International Luge Federation）正式成立。1982年第1届世界青少年锦标赛在美国普莱西德湖人工赛道上举行。1998年日本长野成功举办第18届冬奥会，成为

图1-13 20世纪初雪橇比赛

首个举办国际雪橇比赛的亚洲国家。2008年在加拿大的卡尔加里首次出现雪橇团队接力比赛项目。2016年起雪橇短距离赛成为雪橇世锦赛的测试项目。

（2）雪橇的冬奥历程

1954年在雅典举行的国际奥林匹克委员会大会上决定：雪橇将取代钢架雪车成为奥林匹克运动会项目（钢架雪车在1928年和1948年冬奥会上出现后，直至2002年才被重新列为冬奥会项目）。1964年第9届奥地利因斯布鲁克冬奥会上，雪橇被列为正式比赛项目，设有女子单人、男子单人和双人3个比赛项目。2014年第22届俄罗斯索契冬奥会上，雪橇团队接力赛被列为正式比赛项目。

（3）中国雪橇国家队的发展

2015年9月中国雪橇国家队正式组建，4个月之后，中国雪橇国家队派出5名运动员参加2015—2016赛季国际雪橇联合会青少年世界杯赛奥地利

站的比赛，完成国际赛场首秀，胡慧兰获得少年组女子第 43 名。2016 年 12 月 1 日，中国雪橇国家队运动员阿拉巴提·艾合买提在国际雪橇联合会青年世界杯赛第 1 站的比赛中获得少年男子 A 组（Youth A Men）比赛第 12 名的好成绩。因我国国内场地建设尚未完成，2017 年中国第 1 届全国雪橇锦标赛在挪威利勒哈默尔雪橇场举行。2017 年 2 月 4 日至 5 日，中国雪橇国家队首次参加青年世锦赛（仅次于冬奥会及世锦赛的高级别国际赛事），最终，范铎耀、阿拉巴提·艾合买提分别取得男子第 33 名、第 36 名的成绩，胡慧兰取得女子第 35 名的成绩。国际雪橇联合会及各参赛国，对中国雪橇国家队能在组建的第 2 年，就获得青年世锦赛的参赛资格，给予了高度肯定与赞扬。2018 年 12 月 5 日刘鑫怡获得 2018—2019 赛季国际雪橇联合会青少年世界杯赛美国站的第 6 名，创造了中国雪橇国家队历史最好成绩。目前中国雪橇国家队共有 26 人，其中 6 男 5 女为比赛组，代表国内最高水平，其余 15 人为集训组。

二、竞赛规则

1913年奥地利、德国和瑞士创建了"国际雪橇联合会",1923年11月23日国际有舵雪橇和平底雪橇联合会(现改名为国际雪车联合会)在法国巴黎正式成立,1935年"国际雪橇联合会"作为一个部门并入国际有舵雪橇和平底雪橇联合会。1957年1月无舵雪橇从国际有舵雪橇和平底雪橇联合会中独立出来,成为现在的国际无舵雪橇联合会(International Luge Federation,FIL)。这3个项目共用相同赛道,在竞赛规则上存在较多关联,为共轭发展提供了前提。

(一)比赛规则

冬奥冰道滑降项目在竞技过程中无身体接触,具有间接对抗的特点,成绩评定相对客观。雪车、钢架雪车和雪橇在比赛规则方面存在以下共同之处:

1. 新建赛道承办冬奥会比赛,主办方应在冬奥会开始前向所有参赛队提供至少40轮训练和比赛。除了主办方提供的训练轮次外,运动员不得参加额外的训练,但赛事主办国的运动员除外。

2. 在过去的24个月,在至少3条不同赛道参加了至少5场国际雪车联合会比赛(欧洲杯和北美杯)并获得排名的舵手才有世锦赛、世界杯、洲际

杯、洲际锦标赛的参赛资格。国际雪车联合会为了给新手运动员提供更多比赛和熟悉赛道机会，要求在当前的分项排名中，排在前12位的男子舵手和排在前8位的女子舵手无资格参加欧洲杯或北美杯，除非相关国家使用自己全部世界杯参赛名额。

3. 国际官方赛事期间的赛道记录和启动记录可以获得官方认定。只有在比赛期间接受了称重测试的运动员，其比赛用"车橇"也通过技术检验，其比赛记录才会获得官方认定。

4. 冬奥会和世界锦标赛开始前，须为运动员提供6轮官方训练；洲际锦标赛、世界杯和洲际杯比赛开始前，须为运动员安排3个官方训练日至少6轮官方训练，运动员必须在官方训练中完成2次没有事故的滑行，才能参加正式比赛。训练期间，运动员可以在起点至终点任何位置进行赛道巡查。

5. 在第一轮滑行开始前1~10分钟，需在检录区对刃进行温度测试，若2次测试温度超过限制范围，将被取消比赛资格，雪车和钢架雪车比赛用刃的温度不得高于标准刃温度4℃以上，标准刃在比赛前1小时被悬挂或以其他形式置于户外，随后该刃的温度即作为参考温度，如标准刃在户外的温度为−14℃，则比赛用刃温度不得高于−10℃；雪橇比赛用刃的温度不得高于标准刃温度5℃以上，标准刃在比赛前半小时被悬挂或以其他形式置于户外（距离地面0.5~1m），随后该刃的温度即作为参考温度，如标准刃在户外的温度为−14℃，则比赛用刃温度不得高于−9℃。

6. 出发信号发出后的规定时间内，运动员完成推车启动即可，并非田径短跑的听枪起跑。

7. 允许运动员以配重方式增加"车橇"重量，但如果配重超出规定范围，则会被取消比赛资格。

8. 在赛道中完成规则限定轮次滑行，次轮滑行按前次滑行成绩的倒序出发，多次滑行总用时短者获胜。

9. 每次滑行通过终点时，运动员必须在"车橇"上，否则成绩无效。

10. 当总用时成绩相同时（雪车和钢架雪车计时单位 0.01s，雪橇计时单位 0.001s），不对比单次滑行成绩，允许名次并列。

（二）竞赛规则的不同之处

1. 雪车规则

（1）参赛资格要求：参加雪车比赛的选手必须年满 15 岁并取得国际雪车联合会的认证资格。

（2）重量要求：女子单人雪车比赛，雪车含"刃"的总重量不得低于 175kg，人与雪车的总重量不得超过 260kg；雪车男子 2 人雪车比赛，雪车含"刃"的总重量不得低于 170kg，人与雪车的总重量不得超过 390kg；女子 2 人雪车比赛，雪车含"刃"的总重量不得低于 170kg，人与雪车的总重量不得超过 330kg；男子 4 人雪车比赛，雪车含"刃"的总重量不得低于 210kg，人与雪车的总重量不得超过 630kg，不足重量可增加配重（如表 1-1 所示）。

表 1-1 不同雪车项目比赛的重量要求

	最小重量（包括车橇和刃）/kg	最大重量（包括人、车橇、刃、配重片和头盔等护具）/kg
女子单人座	175	260
女子双人座	170	330
男子双人座	170	390
四人座	210	630

资料来源：国际雪车规则 2018 版

（3）出发前，雪车的刃必须进入槽沟，确保车体不会侧向打滑。

（4）出发信号发出 60s 之内，运动员必须完成推车启动。

2. 钢架雪车规则

（1）参赛资格要求：参加钢架雪车比赛的选手必须年满13岁（小于18岁需经父母同意）并取得国际雪车联合会的认证资格。

（2）重量要求：男子钢架雪车比赛，若钢架雪车与人的总重量超过115kg，车辆重量不得超过33kg；如钢架雪车与人的总重量低于115kg时，车辆重量不得超过43kg。女子钢架雪车比赛，如钢架雪车与人的总重量超过92kg，车辆重量不得超过29kg；若钢架雪车与人的总重量低于92kg时，车辆重量不得超过35kg（如表1-2所示）。

表1-2 不同钢架雪车项目比赛的重量要求

性别	总重量（包括人、车橇、刃、配重片和头盔等护具）是否大于115kg（男）或92kg（女）	车橇和刃不得超过的重量/kg
女子	是	29
	否	35
男子	是	33
	否	43

资料来源：国际雪车规则2018版

（3）出发前，钢架雪车的刃必须进入槽沟，确保车体不会侧向打滑。

（4）出发信号发出30s之内，运动员必须完成推车启动。

（5）除非在比赛中受到破损，否则在提交比赛用刃后，同一天但不同轮次比赛，也不得更换与提交规格不符的刃。

3. 雪橇规则

（1）参赛资格要求：参加由奥委会和国际无舵雪橇联合会组织的比赛选手必须年满16岁并取得国际无舵雪橇联合会的认证资格；

（2）单人赛滑行4次，双人赛滑行2次，团队接力赛滑行1次。

（3）雪橇不得装有能操纵滑板的舵和制动器。

（4）重量要求：成年组单人雪橇重量（包括所有配件）不得低于21kg，也不得高于25kg；成年组双人雪橇重量（包括所有配件）不得低于25kg，并不得高于30kg。

（5）参加单人赛和团队接力赛首轮滑行的运动员需在出发信号发出30s内，完成推车启动。参加双人赛的运动员需在出发信号发出45s内，完成推车启动。

（6）接力项目按照男子单人、女子单人和双人项目的任意顺序完成比赛，比赛终点线上方设有接力弹板，运动员通过终点前需坐起拍击弹板（如图1-14所示），才能开启起点处的出发挡板。

图1-14 雪橇团队接力赛双人组棒次正起身拍击弹板

三、器材装备

（一）雪车比赛器材及装备

雪车：根据乘坐人数，雪车分为单人座、双人座和四人座雪车，车长分别不得超过 2.8m、3.2m 和 3.8m。雪车车体由钢铁和玻璃纤维或碳纤维等高科技材料制成，形同小舟，车首覆有流线型罩（如图 1-15 所示）。车底前部是一对舵板，上与方向盘相接，车底后部有 2 组独立的滑行钢刃，车尾下部装有制动器，舵手通过雪车内 2 个把手控制的滑轮系统驾驶雪车（如图 1-16 所示）。

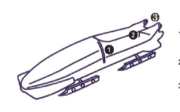

图 1-15 雪车外部构造

图 1-16 雪车内部构造

比赛装备：运动员必须穿戴由未涂层纺织品制成的比赛服和全护式安全头盔（如图 1-17 所示）参加比赛，在比赛服外部或下方不得附着任何空气动力学元件。运动员比赛鞋底部的鞋钉需分布均匀，呈刷型，鞋钉（如图1-18所示）的最大直径不得大于1.5mm，鞋钉长度不得超过5mm，每只比赛鞋的鞋钉数量不得少于250颗。

图1-17 雪车比赛用全护式安全头盔　　　　图1-18 雪车比赛用鞋和鞋套

（二）钢架雪车比赛器材及装备

钢架雪车：主要由玻璃纤维和金属合成，包括鞍座、把手、前后保险杠和刃，钢架雪车没有转向器和制动装置，车体前后装有缓冲器（如图1-19、图1-20所示）。

图1-19 钢架雪车构造图

图 1-20 钢架雪车实体图

比赛装备：运动员必须穿戴无涂层的纺织品制成的比赛服和全护式安全头盔（如图 1-21 所示）参加比赛，在比赛服外部或下方不得附着任何空气动力学元件。运动员比赛鞋底部的鞋钉需分布均匀，呈刷型（如图 1-22 所示），鞋钉的最大直径不得大于 1.5mm，鞋钉长度不得超过 5mm，每只比赛鞋的鞋钉数量不得少于 250 颗。

图 1-21 钢架雪车比赛全护式安全头盔　　图 1-22 钢架雪车比赛用鞋

（三）雪橇比赛器材及装备

雪橇：雪橇由玻璃纤维制成，雪橇橇体由 1 对平行的橇刃固体、2 个橇刃、座板和 2 个连桥组成（如图 1-23 所示）。雪橇全长 70~140cm，宽为 34~38cm，高为 8~20cm，宽不超过 45cm，雪橇前部没有舵板，后部也没有制动闸，运动员需依靠四肢和重心的转移控制雪橇完成转向。橇刃固体前面翘起部分具有一定柔软性，以利转弯，同时具有刹车的作用，在比赛前通常要将其抛光，减小摩擦以提高运动成绩。

比赛装备（如图 1-24 所示）：雪橇比赛的专用手套（如图 1-25 所示）材质细腻柔软，在指尖部位分布着尖锐的钉子，钉长不超过 5mm，其设计目的是增加运动员在启动加速阶段中手掌与地面的摩擦力，从而获得尽可能大的初始速度。雪橇运动的比赛服为拉伸材料，可最大限度地减小运动员滑行时的空气阻力。由于雪橇采用仰卧的滑行姿势，雪橇头盔（如图 1-26 所示）与雪车和钢架雪车的头盔有所不同，其透明面盔须盖过运动员的下巴，一是便于运动员观察赛道，二是减小空气阻力。

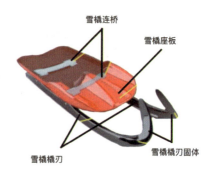

图 1-23 钢架雪车构造图

图 1-24 雪橇装备

图 1-25 雪橇比赛手套

图 1-26 雪橇比赛头盔

四、赛道

截至2021年,全球共有符合竞赛标准的赛道17条(如表1-3,图1-27所示,不包括前南斯拉夫赛道),雪橇比赛所用赛道与雪车和钢架雪车相同,但起点不同。雪车和钢架雪车赛道长1 200~1 650m,雪橇男子赛道长1 000~1 350m,女子赛道长800~1 200m,落差在100~150m,道宽1.3~1.5m,全程设11~20个弯道。弯道包括360°全旋弯道、"Ω"型弯道和"S"型弯道,弯道部分的半径必须在20m以上。比赛赛道多为钢混结构,浇注一层厚厚的人造冰。雪车训练比赛,常会发生出辙、翻车等事故,因此人们在冰道两侧修建护墙,直线护墙壁外侧高度不可超过80~100cm。赛道及两侧护墙均需浇冰。受到天气气候及海拔高度等因素的影响,不同国家或地区的赛道设计各具特色。如惠斯勒赛道以速度和难度著称,运动员受伤的概率也较高;圣莫里茨赛道是历史最悠久的,唯一的天然赛道,难度较低。

表1-3 全球符合竞赛标准的赛道

赛道名称	赛道特征	赛道长度/m	最大倾斜度/%	平均倾斜度/%	弯道数/个	难度弯道	赛道难度
阿尔滕贝格	压强高、急弯	1 413	15	8.66	17	3,4,9,10,11,12,13	+++
国王湖	压强适中	1 675.4	—	9	16	1~4的"S"组合弯道	+++

续表

赛道名称	赛道特征	赛道长度/m	最大倾斜度/%	平均倾斜度/%	弯道数/个	难度弯道	赛道难度
奥伯霍夫	雪橇赛道、小弯、无4人赛	1 354.5	36.4	9.2	15	7,9,11,13	+
温特贝格	高速、压强低	1 330	15	9	15	9,11,12,13	++
卡尔加里	压强低	1 494	15	8	14	9	+
惠斯勒	速度最快、急弯	1 700	20	9	16	10,11,12,13	++++
帕克城	高速	1 570	15	8	15	12	++
普莱西德湖	赛道崎岖不平	1 680	20	9	20	7,8,11,12,17,18	+++
因斯布鲁克	低速	1 478	18	9	14	9	+
拉普拉涅	大弯多	1 707.5	14	8	19	4,6,16,18	+++
利勒哈默尔	中间弯道复杂	1 710	15	8	16	—	+
长野	弯道逐渐变大	1 700	15	7	15	—	++
平昌	弯道多	1 659	25	9.48	16	2,4,7,9,12	+++
锡古尔达	雪橇赛道、无4人赛、急弯	1 420	9	8	16	3,11,13,15	++++
索契	2个上坡	1 814	22	20	17	5,7,11	+++
圣莫里茨	天然赛道	1 962	15	8	19	9	+
延庆	回旋弯道难度大	1 975	18	6	16	2,4,6,11,14	+++
萨拉热窝	已废弃	1 245	—	—	13	—	—

资料来源：与各国教练员交流研讨所得，部分数据来自国际雪车联合会官网，"+"表难易程度，"—"指没有数据

图 1-27 全球雪车、钢架雪车和雪橇赛道

加拿大的卡尔加里和惠斯勒、德国的国王湖和温特贝格、美国的普莱西德湖和帕克城、瑞士的圣莫里茨是雪车、钢架雪车和雪橇比赛的主要举办地点。

（一）阿尔滕贝格（Altenberg）赛道

阿尔滕贝格赛道（如图 1-28 所示）总长为 1 413m，起点海拔为 785m，终点海拔为 660m，垂直落差为 122.22m，最大坡度为 15%，平均坡度为 8.66%，弯道数为 17 个（7 个左弯、10 个右弯）。

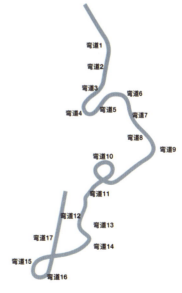

图 1-28 阿尔滕贝格赛道缩略图

（二）卡尔加里（Calgary）赛道

卡尔加里赛道（如图1-29所示）总长为1 494m，起点海拔为1 251m，终点海拔为1 130m，垂直落差为121m，最大坡度为15%，平均坡度为8%，弯道数为14个。

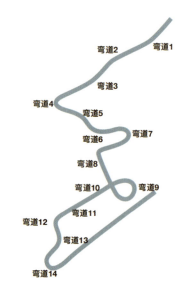

图1-29 卡尔加里赛道缩略图

（三）国王湖（Königssee）赛道

国王湖赛道（如图1-30所示）总长为1 675.4m，起点海拔为730m，终点海拔为630m，垂直落差为120m，平均坡度为9%，弯道数为16个。

图1-30 国王湖赛道缩略图

（四）因斯布鲁克（Innsbruck）赛道

因斯布鲁克赛道（如图1-31所示）总长为1 478m，起点海拔为1 124m，终点海拔为1 006m，垂直落差为124m，最大坡度为18%，平均坡度为9%，弯道数为14个。

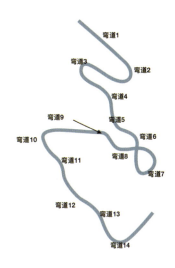

图1-31 因斯布鲁克赛道缩略图

（五）拉普拉涅（La Plagne）赛道

拉普拉涅赛道（如图1-32所示）总长为1 707.5m，起点海拔为1 684m，终点海拔为1 559m，垂直落差为124m，最大坡度为14%，平均坡度为8%，弯道数为19个。

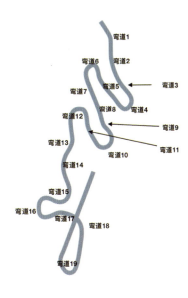

图1-32 拉普拉涅赛道缩略图

（六）利勒哈默（Lillehammer）赛道

利勒哈默赛道（如图1-33所示）总长为1 710m，起点海拔目前无数据，终点海拔目前无数据，垂直落差为114m，最大坡度为15%，平均坡度为8%，弯道数为16个。

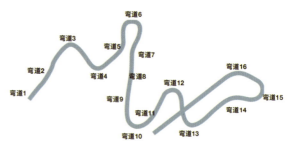

图1-33 利勒哈默赛道缩略图

（七）普莱西德湖（Lake placid）赛道

普莱西德湖赛道（如图1-34所示）总长为1 680m，起点海拔目前无数据，终点海拔目前无数据，垂直落差为128m，最大坡度为20%，平均坡度为9%，弯道数为20个。

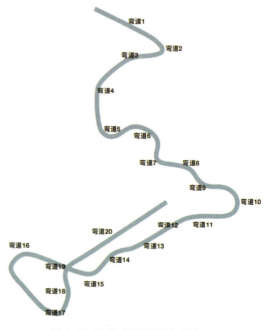

图1-34 普莱西德湖赛道缩略图

(八)长野（Nagano）赛道

长野赛道(如图1-35所示)总长为1 700m,起点海拔为1 028m,终点海拔为922m,垂直落差为112m,最大坡度为15%,平均坡度为7%,弯道数为15个。

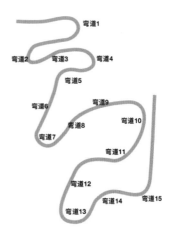

图1-35 长野赛道缩略图

(九)奥伯霍夫（Oberhof）赛道

奥伯霍夫赛道（如图1-36所示）总长为1 354.5m,起点海拔为830m,终点海拔为735m,垂直落差为95m,最大坡度为36.4%,平均坡度为9.2%,弯道数为15个。

图1-36 奥伯霍夫赛道缩略图

（十）帕克城（Park city）赛道

帕克城赛道（如图1-37所示）总长为1 570m，起点海拔为2 232m，终点海拔为2 128m，垂直落差为104m，最大坡度为15%，平均坡度为8%，弯道数为15个。

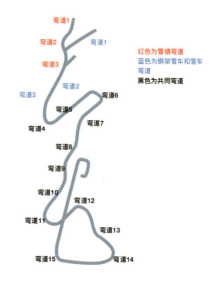

图1-37 帕克城赛道缩略图

（十一）平昌（Pyeongchang）赛道

平昌赛道（如图1-38所示）总长为1 659m，起点海拔为930m，终点海拔为850m，垂直落差为117m，最大坡度为25%，平均坡度为9.48%，弯道数为16个。

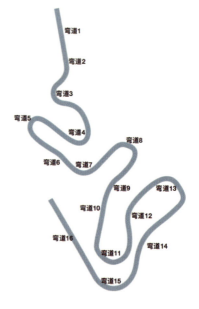

图1-38 平昌赛道缩略图

(十二)锡古尔达(Sigulda)赛道

锡古尔达赛道(如图1-39所示)总长为1 420m,起点海拔为117m,终点海拔为18m,垂直落差为99m,最大坡度为9%,平均坡度为8%,弯道数为16个。

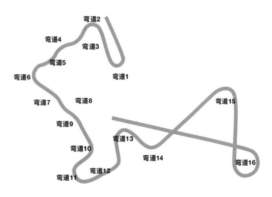

图1-39 锡古尔达赛道缩略图

(十三)索契(Sochi)赛道

索契赛道(如图1-40所示)总长为1 814m,起点海拔为836m,终点海拔为704m,垂直落差为124m,最大坡度为22%,平均坡度为20%,弯道数为17个。

图1-40 索契赛道缩略图

(十四)圣莫里茨(St.Moritz)赛道

圣莫里茨赛道(如图 1-41、图 1-42 所示)总长为 1 814m,起点海拔为 836m,终点海拔为 704m,垂直落差为 124m,最大坡度为 22%,平均坡度为 20%,弯道数为 19 个。

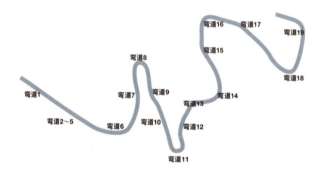

图 1-41 圣莫里茨赛道缩略图

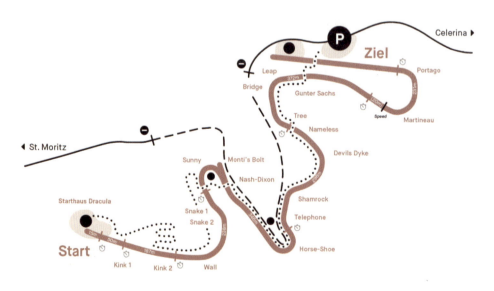

图 1-42 圣莫里茨细节图

（十五）惠斯勒（Whistler）赛道

惠斯勒赛道（如图1-43所示）总长为1 700m，起点海拔为935m，终点海拔为802m，垂直落差为148m，最大坡度为20%，平均坡度为9%，弯道数为16个。

图1-43 惠斯勒赛道缩略图

（十六）温特贝格（Winterberg）赛道

温特贝格赛道（如图1-44所示）总长为1 330m，起点海拔为760m，终点海拔为665m，垂直落差为110m，最大坡度为15%，平均坡度为9%，弯道数为15个。

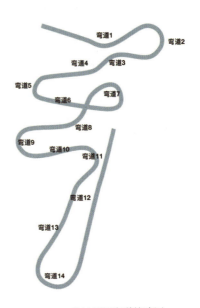

图1-44 温特贝格赛道缩略图

（十七）延庆（YanQing）赛道

延庆（YanQing）赛道又称国家雪车雪橇中心（如图 1-45 所示），位于北京延庆区西北部，将作为雪车、雪橇比赛场地，距离奥运村 1km，行车 5min，赛场提供观众坐席 20 个和站席 80 个。国家雪车雪橇中心位于北京 2022 年冬奥会延庆赛区西南侧，是冬奥会中设计难度最大、施工难度最大、施工工艺最为复杂的新建比赛场馆之一，赛道分为 54 个制冷单元，全长 1 975m，垂直落差 127m，由 16 个角度、倾斜度都不同的弯道组成。国家雪车雪橇中心将成为世界第 17 条、亚洲第 4 条（包括俄罗斯索契赛道）、国内首条雪车雪橇赛道。国家雪车雪橇中心有两大特点：其一，独特的建筑造型，具有中国气质的场馆设计宛如一条游龙飞腾于山脊之上，若隐若现；其二，独特的"山地气候保护系统"。国家雪车雪橇中心身处南坡，设有赛道遮阳屋顶，能有效保护赛道冰面免受各种气候因素影响，避免光照对运动员视线的影响并最大限度降低能源消耗。国家雪车雪橇中心将在北京冬奥会后作为中国国家队训练基地，继续承办世界杯等重大国际赛事，同时亦可成为大众体验雪车雪橇运动的重要场所。

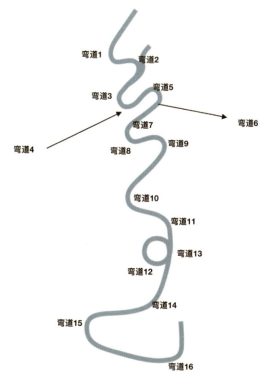

图 1-45 北京延庆赛道缩略图

(十八)萨拉热窝(Sarajevo)赛道

萨拉热窝赛道(如图 1-46 所示)曾举办过 1984 年冬奥会雪车和雪橇项目的比赛,受波斯尼亚战争的影响而被废弃,现如今成为游客观光打卡的旅游景点。萨拉热窝赛道全长 1 245m,垂直落差 126m,共有 13 个弯道(7 个左弯、6 个右弯)。

图 1-46 废弃的萨拉热窝赛道成为当地的涂鸦景点

五、杰出运动员

雪车运动员

1. 男子 2/4 人雪车

弗朗西斯科·弗里德里希（Francesco Friedrich，如图 1-47 所示）出生于萨克森的皮尔纳，16 岁时，他和哥哥大卫（David）从田径项目转到雪车项目。20 岁的时候，弗朗西斯科就赢得了青少年世锦赛 2 人雪车的冠军。2011 年，和哥哥大卫一起在帕克城的赛道上获得了 4 人雪车的银牌。2012 年，他参加了世界杯巡回赛，但真正意义上以舵手的身份夺得国际赛事冠军还得等到 2013 年 1 月 26 日在圣莫里茨举办的世锦赛，他和詹尼斯·贝克尔（Jannis Baecker）一起赢得了 2 人雪车的冠军，因此，他也成为有史以来夺得世锦赛冠军的最年轻舵手。此后，他参加了 2014 年索契冬奥会，在高手如林的最高舞台上，他并没有取得预期的成绩（2 人雪车第 8 名，4 人雪车第 10 名）。

"他是百年难得一遇的人才，在未来的岁月里，他具备创造雪车历史的一切条件，他有能力将失败抛诸脑后，并从失败中得出智慧的结论。"当弗

国家：德国		出生日期：1990.05.02
项目：雪车		雪车生产商：Wallner/FES
参加比赛时间：2006		位置：舵手
入选国家队时间：2008		教练：Gerd Leopold
姓名：Francesco Friderich	先前从事项目：田径	身高：183cm 体重：96kg

图1-47 弗朗西斯科·弗里德里希的基本信息

朗西斯科在2015年温特贝格赛道赢下第二个2人雪车冠军时，他的教练格尔德·利奥波德（Gerd Leopold）说道。教练的鼓舞，让弗朗西斯科更加刻苦训练，他迫切希望在平昌冬奥会上证明自己。

2018年平昌冬奥会如期而至，弗朗西斯科自然也成为夺冠热门，因为他曾在平昌赛道的测试赛上力克劲敌并夺魁。尽管如此，他和队友索尔斯滕·马吉斯（Thorsten Margis）的第1天滑行并不顺利，在前2轮预赛之后排名第5，落后领先者尼科·瓦尔特（Nico Walther）0.29s。第二天的第3轮滑行，弗朗西斯科全力以赴创造了48.96s的赛道纪录，并且以0.06s的优势攀升至第2名，仅落后加拿大选手贾斯汀·克里普斯（Justin Kripps）组合。加拿大组合最后一轮用时49.28s，而弗朗西斯科组合用时49.22s，恰好抵消了前3轮落后的0.06s，最后2队共同获得平昌冬奥会2人雪车冠军头衔。在4人雪车的比赛中（如图1-48所示），弗朗西斯科带领德国队以领先第2名0.53s的成绩毫无悬念地摘下桂冠。2020年，在全球新型冠状病毒肆虐的环境下，弗朗西斯科仍坚持刻苦训练，保持良好的竞技状态。尽管2020—2021赛季的世界杯分站比赛被推迟举行，但弗朗西斯科依旧以绝对的领先优势夺冠。

图1-48 弗朗西斯科·弗里德里希正在参加2018年平昌冬奥会男子4人雪车比赛

目前,弗朗西斯科共夺得2枚奥运会金牌、11枚世锦赛金牌、7次世界杯年度冠军和52次世界杯分站冠军(如表1-4所示),是当之无愧的雪车舵手第一人。

表1-4 弗朗西斯科·弗里德里希职业生涯奖牌统计

项目类别	比赛类别	金牌	银牌	铜牌
2人雪车	奥运会	1	0	0
	世锦赛	7	0	0
	世界杯(年度)	4	1	1
	世界杯(分站)	37	10	8
4人雪车	奥运会	1	0	0
	世锦赛	4	1	0
	世界杯(年度)	3	2	0
	世界杯(分站)	15	9	8

注:欧洲杯、北美杯、欧洲锦标赛未列入统计

2. 女子 2 人雪车

汉弗莱斯（Kaillie Humphries，如图 1-49 所示）在 16 岁之前是高山滑雪运动员，在 2 场比赛中摔断了双腿后，她决定退出这项运动。2002 年，她加入雪车运动，并成为 2006 年都灵冬奥会加拿大队的替补队员。由于汉弗莱斯在加拿大队排名相对靠后，所以并没有出现在 2006 年都灵冬奥会舞台上。为了参加比赛，她曾考虑代表英国队参赛，最终她还是选择留在加拿大队。随后，她报名参加了一个雪车驾校，经过刻苦训练，最终在国家队名单上占有一席之地。2008 年在阿尔滕贝格赛道举行的雪车—钢架雪车混合世锦赛上，她获得了银牌。

姓名：Kaillie Humphries

国家：加拿大　　　　出生日期：1985.09.04

项目：雪车　　　　　位置：舵手

参加比赛时间：2002　教练：Stu Mcmillan

入选国家队时间：2003　身高：170cm

先前从事项目：高山滑雪　体重：76kg

图 1-49　汉弗莱斯的基本信息

汉弗莱斯在 2009—2010 赛季世界杯分站的比赛中发挥良好，其中 1 次夺冠，2 次站上领奖台，另外 8 场比赛闯入前 6，以年度排名第 2 的成绩结束了 2009—2010 赛季世界杯系列赛。上一年世界杯赛季为汉弗莱斯的职业生涯奠定了良好的基础，2010 年温哥华冬奥会，汉弗莱斯和希瑟·莫伊斯（Heather Moyse）在 2 人雪车项目夺得金牌。银牌由加拿大同胞雪莱—安·布朗（Shelley-Ann Brown）和海伦·厄铂顿（Helen Upperton）获得，这是加拿大队首次在冬奥会同一个项目上夺得2枚奖牌。

在赢得2010年温哥华冬奥会冠军之后，汉弗莱斯在世界杯系列赛和世界锦标赛上表现得中规中矩。2010—2011赛季的世界杯分站比赛，尽管她始终保持着前10的成绩，但她仅登上过1次领奖台。到了2011—2012赛季的世界杯分站比赛，她状态回暖，3次摘得桂冠。随后，汉弗莱斯和队友乔切蒂（Ciochetti）还赢得了2012年在普莱西德湖举行的世界锦标赛冠军，这是加拿大女子雪车队在世界锦标赛上的首枚金牌。

在2012—2013赛季，汉弗莱斯和新刹车手切尔西·瓦卢瓦（Chelsea Valois）成为新搭档，在这个赛季的所有9场比赛中都登上了领奖台，包括赛季初的5连胜。最终，她们夺得了6枚金牌、1枚银牌和2枚铜牌，创下了1 960分的赛季纪录，并在世界杯年度冠军赛上夺魁。算上2013年在圣莫里茨赛道获得的世锦赛冠军和2011—2012赛季最后2场分站比赛成绩，汉弗莱斯创下了连续13场比赛都登上领奖台的历史纪录。

在2013—2014赛季的前2场比赛，汉弗莱斯分别取得了第1和第2的好成绩，借此将连续登上领奖台的纪录延续至15场。到了2014年索契冬奥会，美国队成为汉弗莱斯领衔的加拿大队的唯一有力竞争对手。在第一天的2轮滑行结束后，美国队依靠强大的启动能力领先加拿大队0.2s。在第二天的2轮滑行过程中，美国队依旧以出色的启动能力占据领先优势，汉弗莱斯借助娴熟的驾驶技术弥补了启动落后的劣势，最终击败美国队。这也让汉弗莱斯成为加拿大首个连续2次获得冬奥会雪车项目冠军的女运动员（如表1-5所示）。

2014年9月，国际雪车联合会宣布，他们将允许男女成员组队参加4人雪车比赛。2014年11月1日，汉弗莱斯率领一支男女混合队伍在加拿大4人雪车锦标赛上拿下1枚铜牌。2014年11月15日，汉弗莱斯在犹他州帕克

表 1-5 汉弗莱斯职业生涯奖牌统计

项目类别	比赛类别	金牌	银牌	铜牌
2 人雪车	奥运会	2	0	1
	世锦赛	4	2	1
	世界杯（年度）	4	3	1
	世界杯（分站）	27	13	14
单人雪车	世锦赛	1	0	0

注：欧洲杯、北美杯、欧洲锦标赛未列入统计

图 1-50 汉弗莱斯正参加 2018 年平昌冬奥会女子 2 人雪车比赛

城举行的北美杯首站比赛中,成为第1位参加国际四人雪橇比赛的女选手,最终获得第6名。月底,汉弗莱斯在卡尔加里赛道举行的北美杯赛中获得第2名,成为第1位在国际四人雪车比赛中获得奖牌的女运动员。

2014年12月,汉弗莱斯以加拿大年度最佳运动员获得了卢·马什奖(Lou Marsh Award)。2016年1月9日世界杯的比赛上,汉弗莱斯带领另外3名女性队友参加了全由男运动员组成的4人雪车的比赛,成为首批女子4人雪车的践行者。汉弗莱斯的梦想是将女子4人雪车列入冬奥会正式比赛项目。2018年平昌冬奥会,汉弗莱斯和队友菲利西亚·乔治(Phylicia George)获得铜牌(如图1-50所示)。2019年9月,汉弗莱斯宣布离开加拿大队雪车国家队,加入美国雪车国家队。

钢架雪车运动员

1. 男子钢架雪车

马丁斯·杜克斯(Martins Dukurs,如图1-51所示)和他的兄弟托马斯·杜克斯(Tomass Dukurs)在距离锡古尔达赛道一箭之遥的地方长大,他们的父亲是前拉脱维亚雪车冠军戴尼斯·杜克斯(Dainis Dukurs),同时也是他们的钢架雪车教练。"当我1994年开始在赛道工作的时候,我就让我的两个儿子尝试了雪橇、雪车和钢架雪车。"老杜克斯回忆道。

弟弟马丁斯获得了都灵冬奥会的入场券,并取得第7名的成绩。尽管弟弟马丁斯很快就比哥哥托马斯展现出更高的天赋,但他认为哥哥正是推动他前行的动力来源。虽然他们兄弟俩彼此竞争,但无论谁在滑行过程中发现了最优的滑行线路或犯下错误都会互相分享,这也是其他运动员不具备的优势。

国家：拉脱维亚　　　　出生日期：1984.03.31

项目：钢架雪车　　　　教练：Stu Mcmillan

参加比赛时间：1998　　钢架雪车生产商：Dukurs

入选国家队时间：2001　身高：179cm

姓名：Martins Dukurs　　先前从事项目：排球　　体重：77kg

图 1-51　马丁斯·杜克斯的基本信息

2008 年 2 月，马丁斯在温特贝格赛道赢得了他人生中第 1 个世界杯冠军，在 2010 年温哥华冬奥会开幕式上，弟弟马丁斯有幸成为拉脱维亚的旗手。在惠斯勒滑行中心的首轮比赛中，他创造了 52.32s 的赛道纪录，但在接下来的 3 轮滑行中，蒙哥马利（Montgomery）发挥更加出色，以 0.07s 的优势成绩夺得冠军，马丁斯屈居第 2（如图 1-52 所示）。

图 1-52　马丁斯·杜克斯正参加 2010 年温哥华冬奥会男子钢架雪车比赛

克服了温哥华冬奥会的失落后,马丁斯开始了一连串的成功。在2010—2011赛季,他取得5场世界杯的冠军,在2011—2012赛季赢得7场冠军,在2012—2013赛季几乎横扫对手,马丁斯赢得了8枚金牌和1枚银牌,2013—2014赛季,他连续5次获得世界杯年度冠军。势头正猛的马丁斯却在2014年索契冬奥会遇到状态更佳的亚历山大(Alexander),再次屈居亚军。

马丁斯于2014年3月年满30,拉脱维亚专门发行了纪念他的邮票。2015年,他在温特贝格赛道获得世界杯年度冠军,2016年和2017年,马丁斯再次卫冕世界杯年度冠军。2017—2018赛季,马丁斯突然发现自己被韩国的尹诚彬抢了风头,尹诚彬的出现结束了马丁斯在钢架雪车项目上的统治地位。2018年平昌冬奥会,尹诚彬以4轮第1的成绩,毫无悬念地夺得冠军,而马丁斯却表现不佳,仅排名第4。

回顾马丁斯的钢架雪车生涯(如表1-6所示),共夺得6次世锦赛冠军、10次世界杯年度总冠军、58次世界杯分站冠军,但却连续2届冬奥会屈居亚军。2014年索契冬奥会,由于冠军选手服用兴奋剂,金牌最终由马丁斯递补获得,这才弥补了钢架雪车飞人的冬奥会遗憾。

表1-6 马丁斯·杜克斯职业生涯奖牌统计

项目类别	比赛类别	金牌	银牌	铜牌
钢架雪车	奥运会	1	1	0
	世锦赛	6	1	0
	世界杯(年度)	10	0	1
	世界杯(分站)	58	19	7

注:欧洲杯、洲际杯、北美杯未列入统计

2. 女子钢架雪车

利齐·亚诺德（Lizzy Yarnold，如图 1-53 所示）最初是一名七项全能运动员，2008 年她参与了英国体育的"Girls 4 Gold"人才寻找计划，最终被选为钢架雪车运动员。在 2011—2012 赛季，她排名第 9，并获得了少年世锦赛的冠军和青年世锦赛的季军。经过 2 年的沉淀，亚诺德夺得了 2014 年索契冬奥会的金牌，总成绩领先第 2 名的皮克斯—佩斯（Pikus-Pace）0.97s，并创造了赛道纪录。

姓名：Lizzy Yarnold

国家：英国　　　　　出生日期：1988.10.31

项目：钢架雪车　　　教练：Eric Bernotas

参加比赛时间：2006　钢架雪车生产商：BlackRoc

入选国家队时间：2008　先前从事项目：七项全能

图 1-53 利齐·亚诺德的基本信息

2014 年生日之际，亚诺德成为英国勋章成员之一，用以表彰其对英国钢架雪车做出的贡献。2015 年初，亚诺德的夺冠势头无人能挡，在该年 2 月份夺得欧洲锦标赛冠军，次月夺得世界锦标赛冠军，并 2 次打破温特贝格赛道纪录。

2015—2016 赛季，亚诺德因体能储备不足，宣布休赛 1 年。2016 年 12 月，亚诺德在惠斯勒赛道的比赛中获得了第 4 名。2017 年 2 月，在国王湖举行的世界锦标赛中，亚诺德获得铜牌。2016—2017 赛季，她在国际雪车联合会组织的比赛中的排名为第 7 位，在世界杯中排名为第 9 位。

2017年9月，亚诺德被诊断出患有影响内耳前庭系统的疾病。尽管遭受了许多身体健康问题，她还是在2018年平昌冬奥会上成功卫冕了女子钢架雪车冠军（如图1-54所示）。抵达韩国参加冬奥会时，她不幸胸部感染，严重到呼吸困难。比赛的第1天，由于前庭疾病发作，她甚至差点晕倒。平昌冬奥会上，她在第1轮滑行中取得领先地位，身体健康问题使亚诺德一度萌生了放弃比赛的念头，但她还是选择坚持下去。第2轮滑行结束后，亚诺德下降至第3位，落后第1名0.1s。第三轮结束，亚诺德赶超至第2位，落后第1名0.01s。在最后1轮的滑行中，亚诺德顶住压力，以领先第2名近半秒的优势重新夺回冠军的宝座。

图1-54 利齐·亚诺德正参加2018年平昌冬奥会女子钢架雪车比赛

在2018年冬奥会的几周后，亚诺德接受了膝盖手术，以切除膝盖上的肿瘤，这是在冬奥会前6个月发现的。此后，她因长期挂拐导致椎间盘移位。2018年10月，亚诺德宣布退役。回顾利齐·亚诺德的钢架雪车生涯，共2次夺得奥运冠军，1次夺得世锦赛冠军（如表1-7所示）。

表1-7 利齐·亚诺德职业生涯奖牌统计

项目类别	比赛类别	金牌	银牌	铜牌
2人雪车	奥运会	2	0	0
	世锦赛	1	0	2
	世界杯（年度）	1	1	0
	世界杯（分站）	11	5	3

注：欧洲杯、洲际杯、北美杯未列入统计

雪橇运动员

1. 男子单人雪橇

菲利克斯·洛克（Felix Loch，如图1-55所示）出生于1989年7月24日。洛克的父亲曾代表德国参加过1984年萨拉热窝冬奥会。深受父亲诺伯特（Norbert）的影响，洛克注定也会像父亲一样成为一名雪橇运动员。从1995年开始参加雪橇比赛，并于2006年加入德国国家队。他在雪橇世锦赛上共获得11枚金牌，其中单人雪橇6枚，团队接力5枚。2008年，洛克才18岁就获得男子单人雪橇冠军，这让他成为有史以来最年轻的雪橇世界冠军。他同时还是奥运会男子雪橇历史上最年轻的金牌得主，截至2014年，洛克是奥运会的3枚金牌得主。2009年2月21日，在惠斯勒滑行中心举行的世界杯决赛中，菲利克斯·洛克以153.98km/h的速度创下了雪橇最快滑行速度纪录。

洛克在2012—2013赛季成为世界杯和世界锦标赛双料冠军，同年在国

国家：德国	出生日期：1989.07.24	
项目：单人雪橇	身高：191cm	
参加比赛时间：1995	体重：90kg	
入选国家队时间：2006	教练：Norbert Loch	

姓名：Felix Loch

图 1-55 菲利克斯·洛克的基本信息

际巡回赛上取得了惊人的 14 胜。洛克屡次获胜的一个重要原因是他对雪橇运动的物理因素感知精确，他总能正确地识别和评估每场比赛的关键因素，如重力的影响，作用于自身的外界作用力和速度方向的变化。2014 年索契冬奥会上，洛克在第 1 轮滑行中落后于俄罗斯老将阿尔伯特·德姆琴科（Albert Demchenko），但洛克在后 3 轮中稳扎稳打，最终以领先第 2 名 0.476s 的成绩

图 1-56 菲利克斯·洛克正参加 2014 年索契冬奥会男子雪橇单人比赛

夺得索契冬奥会单人雪橇比赛冠军（如图 1-56 所示）。此外，他还与同胞娜塔莉·盖森伯格（Natalie Geisenberger）、托比亚斯·温德尔（Tobias Wendl）和托比亚斯·阿尔特（Tobias Arlt）共同赢得了团队接力的冠军。

24 岁时，洛克已经连续 3 次获得冬奥会金牌，在 2014—2016 年间连续 3 次夺得世界杯总冠军。2018 年洛克以势在必得的信心出征平昌冬奥会，在前 2 轮滑行结束，洛克以 0.188s 的优势领先奥地利选手大卫·格雷尔舍（David Gleirscher），但在最后 1 轮滑行中，洛克在第 9 个弯道出现严重失误，导致最终总成绩排名第 5，失去了本来唾手可得的第 4 枚冬奥会金牌。赛后，洛克接受采访时表示："这是最艰难的时刻，我会在 2022 年北京冬奥会重新夺回单人雪橇冠军的头衔。"

回顾菲利克斯·洛克的雪橇生涯（如表 1-8 所示），其中单人雪橇，2 次夺得奥运冠军，6 次夺得世锦赛冠军，3 次夺得欧锦赛冠军；团队接力，1 次取得奥运冠军，5 次获得世锦赛冠军，3 次摘得欧锦赛冠军，可谓雪橇项目的"神"。

表 1-8 菲利克斯·洛克职业生涯奖牌统计

项目类别	比赛类别	金牌	银牌	铜牌
单人雪橇	奥运会	2	0	0
	世锦赛	6	3	0
	欧锦赛	3	1	2
团队接力	奥运会	1	0	0
	世锦赛	5	1	1
	欧锦赛	3	1	1

注：竞速世锦赛、欧洲杯、洲际杯未列入统计

2. 女子单人雪橇

1988年2月5日，娜塔莉·盖森伯格（Natalie Geisenberger，如图1-57所示）出生于慕尼黑，在50公里以外的巴伐利亚山区小镇米斯巴赫长大，那里有一条夏季雪橇赛道。她从10岁开始就加入当地的雪橇俱乐部，后来成为一名杰出的女子单人雪橇运动员。在2004—2007年间，她共赢得14次少年世界杯冠军、3次少年世界杯年度冠军和6次少年世界锦标赛冠军。

国家：德国	出生日期：1988.02.05
项目：单人雪橇	身高：183cm
参加比赛时间：1997	体重：78kg
入选国家队时间：2007	教练：Norbert Loch

姓名：Natalie Geisenberger

图1-57 娜塔莉·盖森伯格的基本信息

盖森伯格在2010年首次亮相冬奥会舞台，并成功登上领奖台，获得铜牌。盖森伯格在2012—2013赛季取得了重大突破，首次夺得世界杯冠军。在参加2014年索契冬奥会比赛之前，盖森伯格以9胜的战绩获得了她的第2个世界杯年度冠军。她将火热状态带到索契冬奥会场上，在4轮滑行中均以第1的成绩保持领先，最终以1.139s的优势夺冠（如图1-58所示）。2天后，盖森伯格在团队接力赛中继续保持稳定的发挥，帮助德国队以领先第2名1.030s的优势击败俄罗斯队，夺得冠军。

图 1-58 娜塔莉·盖森伯格正在参加 2014 年索契冬奥会女子雪橇单人比赛

在 2014 年索契冬奥会拿下双料冠军后,盖森伯格势不可当,在 2018 年之前连续 7 次夺得世界杯冠军,使她的职业生涯冠军总数达到 43 次。2018 年平昌冬奥会,盖森伯格以 0.367s 的优势取得了女子单人雪橇的冠军。3 天后的雪橇团队接力赛上,盖森伯格给德国队开了个好头,以第 1 的成绩完成第 1 棒,最终战胜加拿大和奥地利,再次夺得团队接力冠军。

作为冬奥会历史上最成功的女子雪橇运动员,盖森伯格在冬奥会赛场上共获得 5 枚奖牌(如表 1-9 所示),其中 4 枚金牌和 1 枚铜牌,仅次于最伟大的雪橇运动员——意大利的阿明·佐格勒(Armin Zöggeler,共夺得 6 枚奥运会奖牌)。我们完全有理由相信有一天,盖森伯格会创造新的纪录。

表 1-9 娜塔莉·盖森伯格职业生涯奖牌统计

项目类别	比赛类别	金牌	银牌	铜牌
单人雪橇	奥运会	2	0	1
	世锦赛	4	4	1
	世界杯（年度）	1	4	0
	欧洲锦标赛	4	3	0
团队接力	奥运会	2	0	0
	世锦赛	4	0	1
	欧洲锦标赛	2	2	1

注：竞速世锦赛、欧洲杯、洲际杯未列入统计

3. 男子双人雪橇

1987年6月2日，托拜厄斯·阿尔特（Tobias Arlt，如图1-59所示）出生于德国贝希特斯加登。4岁时开始接触雪橇运动，1991年开始参加雪橇比赛，2006年首次在全国比赛中亮相。1987年6月16日，托拜厄斯·温德尔（Tobias Wendl，如图1-60所示）出生于德国亚琛。他从1993年开始参加雪橇比赛，2005年成为国家队的一员。在2008年德国奥伯霍夫举行的世界雪橇锦标赛上，温德尔和阿尔特组成的双人雪橇组合获得1枚银牌；在2010年锡古尔达举行的欧洲雪橇锦标赛上，两人获得了男子双人雪橇银牌和团队接力铜牌；在2013年加拿大惠斯勒举行的世界雪橇锦标赛上，温德尔与阿尔特在双人雪橇上赢得了冠军。在2011~2014年的4年间，他俩3次登顶世界杯年度冠军，被人们称为"拜仁快车"或"两个托比斯"。

温德尔和阿尔特在2014年索契冬奥会上获得2枚金牌。在双人雪橇比赛

国家：德国　　　　　　出生日期：1987.06.02

项目：双人雪橇　　　　身高：178cm

参加比赛时间：1991　　体重：77kg

入选国家队时间：2006　教练：Norbert Loch

姓名：Tobias Arlt

图 1-59 托拜厄斯·阿尔特的基本信息

国家：德国　　　　　　出生日期：1987.06.16

项目：双人雪橇　　　　身高：184cm

参加比赛时间：1993　　体重：88kg

入选国家队时间：2005　教练：Norbert Loch

姓名：Tobias Wendl

图 1-60 托拜厄斯·温德尔的基本信息

中，第一轮滑行创造了 49.373s 的赛道纪录，最终以 1 分 38 秒 933 的成绩赢得冠军（如图 1-61 所示）。在团队接力中，温德尔与阿尔特的双人雪橇、菲利克斯·洛克的男子单人雪橇以及娜塔莉·盖森伯格的女子单人雪橇组成的德国队以 2 分 45 秒 649 再次夺冠。

温德尔和阿尔特在 2018 年平昌冬奥会成功卫冕。在双人雪橇中，2 轮滑行分别滑出 45.820s 和 45.877s 的惊艳成绩，轻松夺取冠军。

在团队接力中，温德尔与阿尔特的双人雪橇、路德维希·约翰内斯（Ludwig Johannes）的男子单人雪橇以及娜塔莉·盖森伯格的女子单人雪橇组成的德国队以 2 分 24 秒 517 再次夺冠。

图 1-61 温德尔和阿尔特正在参加 2014 年索契冬奥会双人雪橇比赛

温德尔和阿尔特从 2006 年开始成为搭档至今，共夺得 4 枚奥运会金牌，6 枚世锦赛金牌和 5 枚欧锦赛金牌（如表 1-10 所示），是德国雪橇国家队名副其实的主力军。

表 1-10 温德尔和阿尔特职业生涯奖牌统计

项目类别	比赛类别	金牌	银牌	铜牌
双人雪橇	奥运会	2	0	0
	世锦赛	3	4	1
	欧锦赛	3	5	1
团队接力	奥运会	2	0	0
	世锦赛	3	1	0
	欧锦赛	2	2	2

注：竞速世锦赛、欧洲杯、洲际杯未列入统计

第二章

训练中的科学与科技

二

一、科学训练基础

（一）科学训练

训练可以使运动员在执行特定任务后，产生生物刺激适应，利用"刺激—疲劳—适应—提高"机制，使运动员的运动表现在多次训练后得到提升。训练过程即科学规律的探索过程，有定性，有定量，有精确已知，有模糊未知，是科学与艺术的统一。在运动训练过程中，以发展运动员运动能力、提高运动成绩为目的所施加的刺激即为运动训练刺激。运动训练量的大小直接决定着训练刺激的大小，运动强度（intensity）、持续时间（duration）和频率（frequency）的乘积称为训练量。疲劳是指运动导致机体的运动能力下降，运动强度越大，疲劳出现的速度越快，机体可维持预定运动强度的距离和时间越短。"雪橇"等短距离项目发生疲劳的主要原因是肌肉的神经激活衰竭或兴奋——收缩耦联受损；而越野滑雪等长距离项目产生疲劳的主要原因是磷酸肌酸耗竭或氢离子堆积过多。

适应是为了保护身体并为满足其需求做好准备，随着适应水平的提高，训练刺激的强度也将逐步增大。适应分为急性适应和慢性适应。急性适应是指在运动训练后即刻发生功能的变化,但在运动中止后的很短时间内,会返回至基线水平;慢性适应持续时间长,在多次、反复训练后,慢性适应发生的功能变化甚至会参与细胞基因表达及蛋白质合成的过程。观察刺激反应曲线图(如图2-1所示)可发现,运动员在接受刺激的初始阶段,其训练效果呈线性增长,但随着运动员运动能力的提高,其运动水平与表现的优化需要更复杂的训练刺激组合才能实现。当运动强度超出运动员机体承受范围,就会出现过度训练现象,此时运动员的运动能力下降,如不及时调整训练计划,会导致应激激素水平增加,免疫功能下降。每个运动员的机体应答水平和反应不同,评价过度训练的最有效指标是运动能力水平、睡眠状况、体重变化、感染疾病的概率和过劳性损伤等表征。

此外,闭经是女运动员过度训练的特有监测指标,闭经的同时还会伴有饮食失调(厌食、暴饮暴食)、骨密度下降,运动界将能量摄入不足(饮食紊乱),月经混乱(闭经),骨质丢失(骨质疏松症)称为"女性运动员三联征"。在运动训练活动过程中应根据训练目的合理安排训练量,适宜的刺激会促进运动能力的增长或保持,过小的刺激会使运动能力停滞不前,而过大的刺激会导致运动能力的下降甚至诱发运动损伤。

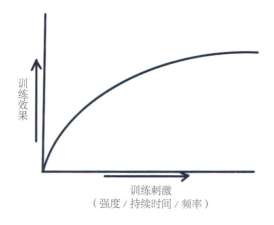

图2-1 训练刺激与训练效果的关系图

适应通常以不同的速度发生在不同的训练周期中，因此，教练员制定训练计划的最终目标就是帮助运动员达到竞技状态高峰，即不同训练形式和时间的组合排序产生的良性适应并与比赛日期的重合。一旦运动员达到竞技状态高峰，就可在赛前1–2周降低训练强度以进一步提高运动能力。最有效的减量训练方案是训练量急剧减少，训练强度保持不变，这对维持和促进力量、速度、耐力和爆发力水平具有积极作用。

在运动训练过程中，运动员既是教练员设计、组织和控制训练活动的客体，又是完成训练活动，实现训练目标的主体。运动员竞技能力从现实状态向目标状态的顺利转移和在比赛中的完美表现，都必须依靠运动员发挥自身的主观能动性、积极创造性、顽强拼搏精神和聪明才智方得以实现。教练员是指从事竞技运动训练工作、培养运动员并指导他们参加运动竞赛争取优异成绩的专业人员。教练员是运动训练活动的主要组织者和指导者，负责选材，制订、组织与实施训练计划，并指导运动员参加比赛[1]。伴随着多学科交叉融合的发展，运动训练的参与者不仅仅是运动员和教练员，已新增多个角色，如团队经纪人、营养专员、理疗师、体能训练师、心理咨询师、管理人员和科研人员等。

以F1赛车的发展为例，作为竞速类项目，赛车团队每节约1s时间就意味着距离胜利更近一步。从1950至2019年期间，F1赛车进站维修用时的世界纪录从67s降低至1.82s，而维修站的工作人员从4人增至22人。2017年起，各车队进站维修时间已经普遍集中在2–3s，目前世界纪录是由红牛车队（Red Bull Racing）于2019年11月17日在巴西圣保罗创下的1.82s（如图2–2所示）。维修站人员间的分工越来越精细，包括换轮胎、操作千斤顶、检查引擎、加油、灭火等，配合也愈加娴熟，如每个轮胎由3位器械师负责，1位负责拿气动扳手拆、锁螺丝，1位负责拆旧轮胎，1位负责装上新轮胎，这一切变革带来的是进站维修时间的大幅缩短，赛车成绩的不断提升。

F1赛车比赛的飞速发展离不开复合型团队的帮助，起初的F1团队主要包括执行官、总裁、董事长、赛车的设计和发展主管、工程总监等传统工作人员，现今增加机械工程师、空气力学设计师、电子设备工程师、数据分析师等新型人才。复合型团队是指不同专长的人组成的团队，能在各司其职的同时实现互补，能为共同的目标通力合作，在想法上集思广益、推陈出新，在行为上互帮互助。

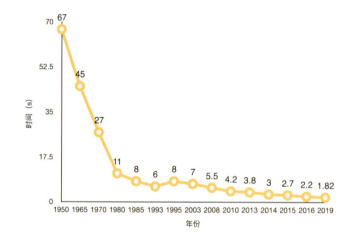

图2-2 1950—2019年F1赛车进站维修最短用时变化趋势

越来越多的运动队配备了高科技训练设备和高学历科研人员，这意味着运动员不仅仅需要听从教练员的训练指导，还需要虚心接受科研人员的训练建议（如图2-3所示）。有时教练员和科研人员之间观点不一致很正常。教练员凭借自身高水平运动经历和日积月累的训练经验往往培养出不少优秀运动员，大多数科研工作者缺乏运动经历和带队经验，但接受过系统的体育专业知识学习，能熟练运用各种测试手段帮助训练监控与评估。教练员和科研人员最大的差异是两者的判断方式，教练员往往根据感觉与经验做出判断，而科研人员更信服于证据和事实。前者依靠直觉、本能和感性，虽然高效，但容易出错；后者借助测试、评估，讲究严谨、准确，但复杂、低效。精诚合作、携手共进是运动项目团队的必然选择。

图 2-3 运动员"幸福的烦恼"

教练员与科研人员相互理解与信任是团队良性运作的前提，在竞技体育商业化的驱动下，赛程安排越来越密集。教练员应虚心听从康复师和理疗师有关损伤预防的建议，力求运动员处于健康的身体状态备赛；科研人员应主动向教练员解读测试数据的意义，不能只为测数据发表文章。让教练员重新拿起书本，进入课堂去系统学习运动科学知识和让科研人员脱下工作服，换上跑鞋去接受系运动训练同样是不切实际的。不同角色人员互相欣赏、鼓舞、一道协助运动员实现梦想是团队合作的最终目的。

科学训练除合理利用"刺激—疲劳—适应—提高"机制的训练策略和处理训练团队关系外，还包括运动设备、膳食营养、物理性恢复、安慰剂效应、热习服和睡眠质量等"非训练类策略"的改善[2]。

（二）人体运动能力网络观

运动员的运动能力系统是复杂性系统。复杂性是其根本属性，这是由人体自身结构与自身行为决定的。运动能力的发展、运动技能的习得、运动损伤的预防与治疗等众多构成要素之间相互联系、相互促进、相互制约交织在一起，构成一个立体式复杂网络结构，共同负责机体对不同外环境和内环境的运动训练适应与反应。

1. 运动能力系统的复杂网络表现

"网络"是一种人们借以认识事物结构、功能和演变的图式，直接表现形式是人类视觉可观察到的最简单的抽象要素——点（point）和线（line）的组合[3]（点，事物的组成要素；线，要素间的相互作用，如图2-4所示）。

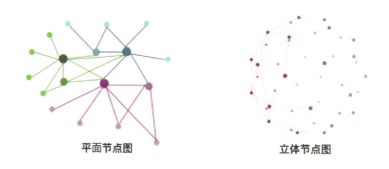

图2-4 平面和立体2种类型的节点图

忽略运动能力系统各个组成要素之间的特殊性质，则所有组成部分都可视为"点"，也叫"节点"，不同节点之间存在相邻或不相邻的关系，2个相邻点用一条线段连接起来，叫作"边"，不相邻而有联系的点之间通过与其他点的多条线段连接起来，最终形成"网络"[4]。这个网络是由链、树、环组成的结构，不仅具有多元性、关联性，而且具有分叉、反馈、因果循环的非线性机制，还具有层次嵌套性，层次之间界限往往模糊不清，耦合突出（如图2-5所示）。各种各样的网络是物质世界自组织的产物，如，互联网，以网页为节点，超链接为边形成的信息网络；中医的经络系统是人体系统重要的网络，穴位是"节点"，经络线连接成"网"；西医的肌筋膜系统是以肌肉、韧带及其相关软组织为"节点"，肌筋膜链发挥"线"的作用，将机体"编织"成网状结构。

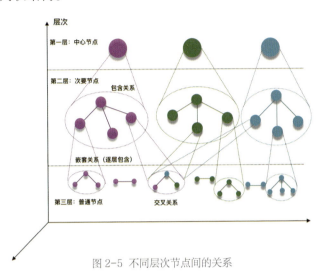

图 2-5 不同层次节点间的关系

运动能力系统网络的节点分布是不均衡的，多数节点是普通节点，只有些许关联，越重要的节点虽然数量少，但与其他节点的关联多，属于典型无标度网络[5]，根据无标度网络的特性，可以找出其生长规律和优先连接规律，根据度分布规律，可以找出连接度最大的节点，分析其鲁棒性和脆弱性。在随机打击下无标度网络具有更强的容错性，但是在选择性打击下，无标度网络却又异常脆弱，5% 的中心节点被攻击，网络就基本瘫痪，如运动员一旦在赛场上情绪或心理产生波动，无论竞技能力多强，真实水平将无法表现，2018 年平昌冬奥会女子雪橇决赛最后一轮滑行，美国运动员艾米丽·斯威尼（Emily Sweeney）滑行出现失控，最终退赛。一直处于领先的德国运动员纳塔莉·盖森伯格（Natalie Geisenberger）的心理状态受其影响，采取高抬头，略牺牲速度但更稳定的滑行策略，显然艾米丽·斯威尼的失误对在其后出发的盖森·贝格（Geisen Berg）的滑行表现产生了影响（前 3 轮平均滑行用时 46.245s，第 4 轮滑行用时 46.498s）。

2. 运动能力的发展

运动能力系统主要包括运动能力的发展、运动技能习得和运动损伤的预防与治疗（如图 2-6 所示），只有妥善处理三者的关系，才能最大限度地发挥运动能力系统的功效。运动员在提升运动能力的过程中遭遇伤病在所难免，所以运动训练不仅需要思量运动员对外环境的适应，还应考虑对内环境的顺从。运动能力的发展行径由"获得、保持、消失"3 个周期性变化的时间序列组成，损伤的出现会导致运动能力的发展轨迹变成"消失、康复、获得、保持"。随着第 4 次工业革命（智能化）的到来，科技服务和科技助力正悄然而至，"渗透"于运动训练的每个角落，如训练负荷的可视化、训练强度的监控、测试数据的云储存与分析、装备的自主优化等，运动员的运动潜能不断得到开发，运动损伤的预防与治疗将变得越来越重要，运动能力系统的影响因素也将愈发复杂。

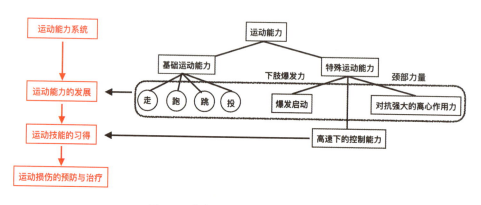

图 2-6 钢架雪车项目的运动能力系统

运动能力是指个体借助骨骼、肌肉和相应的神经系统活动完成一系列外显动作的能力。从动作的协调性、灵敏性、柔韧性、持久性、力量和速度等几方面表现出来[6]，包括一般运动能力（基础运动能力）和特殊运动能力（竞技运动能力）[7]。前者是人体在日常生活、劳动和运动中所必需的走、跑、跳、投等基本活动能力，而后者则是为完成某项技术所需要的专门运动能力。如体操运动能力表现为：动作的协调、准确以及完善的空中感知觉和运动觉，清晰而正确的动作表象，动作的节奏感、美感等。一般运动能力和身体素质密切相关，它能反映身体素质的发展水平，例如：100米跑，表示速度素质，但100米成绩反映的是速度的运动能力。不同运动项目都会根据自身的专项特征对运动员提出不同的运动能力要求，当不同运动项目之间在运动能力需求方面存在相似性，也就存在迁移价值。如橄榄球、田径和雪车项目对运动员的力量和速度能力要求甚高，因此，转入雪车项目最多的运动员正是来自橄榄球和田径项目。

判别一名运动员运动能力水平时，不仅是通过他的速度、力量、耐力、灵敏和柔韧这5大运动素质来判断，更重要的是其各运动素质的发展是否协调与均衡。因为运动系统是个复杂系统，其功能高低不单纯是各子系统、各要素功能的简单叠加，而是各子系统、各要素功能之间相互联系、相互作用、相互制约的结果。部分运动员可能在其中一项运动素质发展有所欠缺，但也有可能因其他运动素质发展较好而得到一定的补偿，进而在整体能力上表现突出；也存在多项运动素质都不太突出的运动员，但因其各项素质发展比较协调且有一项或几项运动素质超出普通运动员，因而也取得了佳绩。如瑞典跳高运动员霍尔姆身高仅1.81m，却能越过2.40m的高度，这得益于他强大的反应力量和快速流畅的助跑；我国短跑运动员苏炳添身高仅1.72m，步长并不占优势的他保持着9.91s的亚洲纪录，这得益于他迅速的起跑反应和加速能力。当然，只有改善最薄弱的运动子能力，运动员的整体运动能力才能发挥更大的作用。有观点将运动能力比喻成"合金"[8]，合金是由几种金属元素或金属元素与非金属元素所组成的物质，其属性（硬度、导电性、延展性等）随各单质所占比例不同而有所变化，而且这种变化是非线性的，相较于"木桶理论"将各要素功能视为等同，"合金模型"更符合事物发展规律。

速度和耐力对短跑和长跑而言都很重要，但显然短跑训练更加重视速度，长跑训练更加重视耐力，因此，不同运动能力的发展在不同项目中占比也不相同。

运动能力的整体功能或特性不等于各运动子能力的功能或特性的简单加和。运动能力在运动训练实践中的演化过程是非线性动力学过程，应具有饱和、时延、突变、混沌、涌现性和动态性等非线性动力学现象特征[9]。人们常利用还原论的思想对项目的运动能力需求进行"分解—还原"，并应用于运动训练实践的指导。教练员为了集中发展运动员的某一项子能力会采用不同的专门性练习，其目的是让运动员能够在比赛当中发挥更好的竞技水平，但在指导训练实践过程中，常会忽略子能力间的相互作用以及割舍子能力间的共同作用。如力量和速度训练对肌肉有不同的生理适应，力量训练刺激肌原纤维蛋白质合成，增加力量和爆发力；耐力训练刺激线粒体蛋白质合成，增加有氧能力。事实上，肌肉很难同时进行2种类型蛋白质合成，所以，蛋白质合成对力量和耐力的反应会随着训练进度变得对各能力的刺激更具特异性，可能会引起不同能力间的冲突。教练员应分开安排力量和耐力训练，避免两者的互相影响。速度和力量可以单独存在，但在许多项目中这两者往往是共同表现出来的，如标枪的出手瞬间、跳远的起跳瞬间和短跑的起跑瞬间都需要力量和速度的结合。在运动训练过程中，教练员可安排跳远运动员进行跳深等与专项动作相似的练习，而不宜将力量和速度内容分开单独训练。

3. 运动能力发展的指导理念

运动能力的发展是指确保机体在健康的状态下使参加运动或训练所具备的能力得到提高，其中运动能力的提高是目的，机体健康是前提，我们知道"刺激—疲劳—适应—提高"是运动能力提升的主要机制，但是否只要做到合理控制负荷量，负荷强度就能确保机体健康呢？显然不是，机体是否处于健康状态还取决于训练前身体机能的激活水平、训练中运动员注意力集中程度和训练后生理及心理疲劳恢复状况。即便是最优秀的运动员在最具经验的教练员的带领下，也会不可避免地出现运动能力停滞、训练积极性消退、运动损伤等情况，因此，搜集、应用前人关于人体运动链的观点（如表 2-1 所示），可为训练指导过程提供启发与帮助。

表 2-1 不同观点的主张与局限 [10-13]

观点	主张	局限	共同点
Janda 运动链	分类更加详细与明确，包括关节、肌肉和神经 3 个层面，为人体进行复杂、多样和多变的肢体运动与实现身体自我功能奠定了基础	Janda 博士是基于自身临床检测和治疗肌肉失衡所造成的疼痛症的经验提出的，侧重点也是集中在患者的康复上，在提高专业运动员或竞技人群的运动成绩上应用不足。此外，有关不同运动链之间是否也和竞技能力一样存在非衡结构也没有进行详细阐述	三位学者以及中医提出的观点均是从整体角度出发，基于解剖学和生理学基础，将机体视为多系统与多功能相整合的立体结构，共同遵循"痛则不通，通则不痛"的治疗原则
Thomas Myers 筋膜链	摒弃了传统教科书先明确肌肉的起止点，再阐述肌肉功能，孤立地看待骨骼上的单块肌肉，分裂了其上下连接的"肌肉独立论"，认为人体（骨骼肌系统）是一个张力均衡的结构——骨骼系统形成了结构框架，而行走在骨骼间的肌肉（肌筋膜链）则起到维持结构框架的作用，肌筋膜链的张力调节整个结构的平衡	只限于身体的软组织，血管、神经、骨与骨之间的连接涉及甚少，过于强调整体而忽视结构。筋膜实则是结缔组织，肌肉是肌纤维借助结缔组织结合而构成的，但人体出现问题，不单单是肌肉或筋膜问题，也有可能是骨的损伤或是神经支配问题	
Joseph Schwartz 运动链	为物理治疗师在手法实践中提供理论支撑，医生能通过患者的问题所在直接找到对应的关节与肌肉进行治疗与康复	过分强调运动链在垂直方向上的作用，应用层面过于狭隘，局限于步行、跑步过程中能量的传递与如何保持稳定	
中医的经络系统	"经络内连脏腑，外络肢节"，即经脉与脏腑之间存在双向联系。当脏腑发生病理改变时，相应经络腧穴能够出现面积增加、温度增高、痛阈降低等特异性的病理生理改变；而刺激体表经络腧穴也可调节相应脏腑的功能，使人体阴阳恢复平衡	有关经络系统实质是什么至今都没有形成统一的看法，导致部分理论知识无法解释临床现象	

人体肌筋膜链主要包含后表线、前表线、体侧线、螺旋线、手臂线、功能线、前深线（如表 2-2 所示）。在生理状态下，单条肌筋膜链维持基本身体姿态、产生肢体运动，是肌筋膜链所有组成单元协同作用的结果，而全身运动的协调与身体张力的平衡则依赖于各条肌筋膜链的相互配合。在病理情况下，肌筋膜链中任一地方出现功能的异常，都会循行应力传导的方向限制远端部位功能的正常发挥。此外，未波及的区域也会一定程度上替代或协助受损部位的功能，即代偿作用。但过度代偿会增加代偿部位的负担，进而引发新的病理反应，轻者疲劳、酸痛肿胀，重则劳损、筋膜发炎等[14]。当教练员发现运动员在完成某些动作出现代偿时，应及时"对症下药"，避免关节活动度受限、肌力失衡、肌力退化等功能失常问题。

表 2-2 Thomas Myers 提出的筋膜链观点 [10]

分类	特点	肌筋膜轨道	姿势功能	运动功能
前表线（The superficial Front Line）	连接人体的整个前表面，下起自足背，上至头颅的两侧，可分为脚趾到骨盆和骨盆到头颅两部分。在髋关节处于伸展位时，如站立/臀桥，这两部分会作为连续的筋膜协同作用	头皮筋膜—胸锁乳突肌—胸骨肌、胸肋筋膜—腹直肌—股直肌、股四头肌—髌下韧带—趾短伸肌、趾长伸肌—胫骨前肌、小腿前侧肌间隔	①与后表线保持平衡②提供张力性的支撑③前表线的肌筋膜可维持膝关节的姿势性伸展④前表线的肌肉可以保护腹腔脏器和前表面较敏感和脆弱的部位	①躯干屈曲，弯腰、鞠躬②髋的屈曲，抬大腿、迈步③膝关节的伸展，踢小腿④足背屈（勾脚尖）
后表线（The superficial Back Line）	连接并保护整个身体的后表面，像一个从脚底到头顶的盔甲，可分为脚趾到膝盖和膝盖到额头两部分。当站立、膝盖伸直时，后表线成为整个肌筋膜上的连续线路	帽状腱膜/颅顶筋膜—腰骶筋膜、竖脊肌—骶结节韧带—腘绳肌—腓肠肌、跟腱—足底筋膜、趾短屈肌	①与前表线保持平衡②支撑并保持身体直立，避免身体蜷曲③后表线的互锁肌腱能协助膝关节十字韧带维持胫骨和股骨间的姿势排列	①膝盖被牵拉向后②后表线所有的运动功能都是产生伸直与过度伸展（如从弯腰的姿势到向上挺直身体或者身体往后仰）
体侧线（侧线 The Lateral Line）	位于身体两侧，起自足内侧与外侧的中点，从踝外侧上行，经小腿和大腿外侧面，以"鞋带交叉"方式上至躯干，由肩部下方上行至头颅的耳部区域	胸锁乳突肌、头夹肌—肋间内肌、肋间外肌—腹外斜肌—臀大肌—阔筋膜张肌—髋外展肌群—腓骨头前侧韧带—腓骨肌和小腿外侧肌间隔	①调整身体前后和左右的平衡②对其他表层线（前表线、后表线、所有手臂线、螺旋线）之间的力量进行调节③体侧线通常以协调的方式来固定躯干和下肢，防止上肢活动时身体结构变形扭曲	①参与身体侧弯的形成（躯干侧弯、髋部外展及足外翻）②对躯干侧向和旋转运动还有可调行"刹车"的作用

续表

分类		特点	肌筋膜轨道	姿势功能	运动功能
	螺旋线（旋线 The Spiral Line）	有左右两条螺旋反向环绕身体的线。从颅骨两侧穿过背部连接对侧肩部，然后环绕肋骨到身体前面，在肚脐水平交叉回与颅骨同侧的髋关节。从髋部沿大腿前外侧，越过胫骨到内侧足弓，然后通过足底向上，经下肢后外侧到坐骨，然后进入竖脊肌筋膜，最终抵达颅骨位置	头夹肌、颈夹肌—大小菱形肌—前锯肌—腹外斜肌、腹外斜肌腱膜—腹内斜肌—阔筋膜张肌、髂胫束—胫骨前肌—腓骨长肌—股二头肌—骶结节韧带—腰骶筋膜、竖脊肌	①帮助确定行走时膝关节的运动轨迹 ②在不平衡时，螺旋线参与引发、代偿和维持身体扭曲、旋转和移位的过程 ③螺旋线中的多数筋膜也参与其他筋膜链（前表线、后表线、体侧线）和臂后深线，因此当螺旋线功能失调时，其他筋膜链最基础的功能也会受到影响	①引起并调整身体的扭转和旋转 ②在离心和等长收缩时，稳定躯干和下肢
手臂线（The Arm Line）	臂前表线（Superficial Front Arm Line）	沿着手臂前侧排列—掌肌群、前臂屈肌群、肌间隔—胸大肌	胸大肌、背阔肌—内侧肌间隔—屈肌群—腕管	①肘部的扭伤会影响到背部中段 ②肩部姿势不良会产生明显的肋骨、颈部、呼吸功能受限	推拉、抓握物体，稳定身体
	臂后表线（Superficial Back Arm Line）	沿着手臂背侧排列—斜方肌、三角肌、外侧肌间隔与伸肌群	斜方肌—三角肌—外侧肌间隔—伸肌群		
	臂前深线（Deep Front Arm Line）	沿着手臂前侧排列—鱼际肌、桡骨、肱二头肌和胸小肌	胸小肌、胸锁筋膜—肱二头肌—桡骨骨膜—桡侧副韧带—大鱼际肌群		
	臂后深线（Deep Back Arm Line）	沿着手臂背侧排列—小鱼际肌、尺骨、肱三头肌、肩袖肌群，以及菱形肌和肩胛提肌	菱形肌、肩胛提肌—肩袖肌群—肱三头肌—尺骨膜—尺侧副韧带—小鱼际肌群		
功能线（Functional Line）	前功能线（Front Functional Line）	起点是肱骨附着点附近，沿着胸大肌最下方纤维到达第5和第6肋，沿着腹直肌外缘或腹斜肌筋膜的内缘到达耻骨半月线的筋膜带，穿过耻骨和耻骨联合的纤维软骨，与对侧长收肌肌腱出来，继续向下、向外、向后附着到股骨后侧粗线上	胸大肌下缘—股直肌外鞘—长内收肌—背阔肌—腹外斜肌—缝匠肌	①除静止姿势外，功能线对其他姿势有良好的稳定功能（如完成上肢投篮动作时，功能线帮助上肩带稳定在躯干）②帮助完成旋转的代偿动作（如完成跨栏动作，腿和对侧肩始终处于连接状态）	功能线跨越身体与对侧肢带连接，使力臂延长，肢体运动就能获得更多的驱动力及准确度
	后功能线（Back Functional Line）	起始于背阔肌远端的附着点，向下到达背阔肌中心部位稍下方，与腰骶筋膜表层结合，穿过骶筋膜，与对侧臀大肌下部（骶骨与骶结节）纤维相连。臀大肌下部的纤维从髂胫束后缘下方过。附着在股骨的后外侧缘，穿过股四头肌肌腱到达髌骨，经髌下韧带再到胫骨粗隆	背阔肌—腰背筋膜—骶筋膜—臀大肌—股外侧肌—髌下韧带		

续表

分类	特点	肌筋膜轨道	姿势功能	运动功能
前深线（Deep Front Line）	前深线是身体筋膜的"核心"。在冠状面上，分布在左右两条体侧线之间；矢状面上，如同三明治般夹在前表线和后表线之间；其外层由螺旋线及功能线包绕。前深线从足底出发，沿着小腿的后侧上行，从膝后方到达大腿内侧。其中一条行走于髋、骨盆、及腰椎前侧；另外一条行走于大腿内侧，向上通过骨盆底部，在腰椎处两条汇合。从腰大肌—横膈交界开始，它分数条支线向上围绕并经过胸部的脏器，终止于脑颅和面颅的底部	胫骨后肌、趾长屈肌—腘绳肌筋膜、膝关节囊—后侧肌间隔、大、小收肌—盆底筋膜、肛提肌、闭孔内肌筋膜—前侧骶筋膜、前纵韧带—内收肌间隔、短收肌、长收肌—腰肌、髂肌、耻骨肌、股三角—前纵韧带、头长肌、颈长肌—横膈后侧—心包膜、壁层胸膜—椎前筋膜、斜角肌—横膈前侧	①提升内在的弧度②稳定包括髋关节在内的下肢各段结构③从前方支撑腰椎④环绕并形成腹腔、盆腔⑤在呼吸活动中稳定胸腔⑥平衡脆弱的颈部和沉重的头部	①髋关节内收②横膈的呼吸运动

捷克斯洛伐克的临床医学家扬达（Janda）依据自身多年的临床检测和治疗肌肉失衡的经验提出了3种与身体运动有关的链系，这种分类为教练员能更清晰地分析和理解人体复杂的运动链结构和功能提供理论基础和借鉴意义（如表2-3所示）。

肌肉的收缩与拉长是人体产生位移运动的本质，因此，肌肉链（Muscular Chain）是人体运动链系统中产生能量的来源。以肌肉链中的协同肌链（Synergists Muscles）为例，协同肌是指某块肌肉或肌群在身体运动时与另一肌肉或肌群相互协调，共同完成身体活动。在训练动作中协同肌的力量水平往往决定了主动肌的训练效果，如在做平板支撑时，若上臂力量过于薄弱，会导致腹肌还未得到充分刺激就因上臂酸胀而结束练习。教练员在设计训练动作时，应充分考虑运动员练习时参与部位的肌力水平，当一名腰部存在不适的雪橇运动员进行背部训练时，应采用坐姿划船取代杠铃划船，减少下腰部肌群的参与。无论是大肌群、小肌群，还是肌纤维的构成单位——肌节，都需在神经系统的指挥下才能准确无误地完成单个或连续动作。只有保证肌

表 2-3 杨达（Janda）提出的运动链观点 [15-17]

运动链	分类	结构与定义	功能
关节链 （Articular Chain）	体姿链 （Postural Chains）	结构性体姿链：指骨骼结构的定位会影响相邻的结构 功能性体姿链：指导致病理和功能障碍的骨骼结构的姿势位置	体姿链的流畅程度决定了运动时人体动能的传导效率
	动力链（Kinetic Chains）	开放链：开链运动以主动肌向心收缩和肢体加速为主要特征，远端肢体不与地面或固定物体接触，不支撑体重	强调剪切力、灵活、速度和爆发力
		闭锁链：闭链运动以拮抗肌或主动肌离心收缩和肢体减速为主要特征，远端肢体与地面或固定物体接触以便支撑体重	强调压缩力和关节的稳定性
肌肉链 （Muscle Chain）	协同肌链 （Synergists Muscles）	次动肌、固定肌和中和肌	①固定、辅助主动肌完成功能动作②弹性效应，减少或延迟疲劳出现
	肌筋膜链 （Myofascial Chain）	包裹肌肉和各个器官的纤维性结缔组织	①保护内脏和运动系统②传递作用力和能量③储存弹性能量④在没有挤压关节的情况下，通过增大张力来加强关节稳定性
	肌肉吊索链 （Muscle Slings）	大肌肉群及其周围的结缔组织	①维持身体和关节稳定②保护深层稳定肌
神经链 （Neural Chain）	保护性反射链 （Protective Reflex Chain）	握捏反射、呼吸保护性反射、牵张反射、前庭反射等	使身体产生节律性位移运动
	感知运动链 （Sensorimotor Chain）	反射性稳定链：在无意识状态下发生，肌肉不由自主地收缩以维持身体整体或局部稳定，如单腿站立时，异侧腰臀肌肉自动激活维持身体平衡	维持身体整体或局部稳定
		感觉运动适应链：分为水平（解剖结构）适应、垂直（神经功能）、对侧（神经功能）和交叉（神经功能）适应链	①使得身体两侧产生同步或交替运动，以保证结构和功能上平衡对称②保证身体左右两侧产生迁移作用

肉链各组成要素间的协调发展，才能促进肌肉的高效做功，保持较好的机能状态。

训练认识的偏差经常导致理论与实践的发展出现背道而驰，对运动训练本质的重新剖析有助于匡正训练实践的理论基础。发展人体运动能力的方法与手段，往往只考虑与这一能力高度相关的局部机能系统，势必会导致此强彼弱的结构和功能异常。随着竞技运动训练对人体运动能力的挖掘日趋极限化，认识、发现及消除运动弱链应当是运动训练理论与实践领域的重点研究方向。运动弱链可以理解为人体运动链系统中比较薄弱的环节，运动弱链出现的原因有：自身未得到充分发展；与其相邻或相对的结构功能被过度发展。在日常训练中，许多主客观因素都会导致运动弱链的产生，如刻意追求局部肌群力量或者局部细节的练习、训练实践过程与项目特征需求的竞技能力发展错位、过度训练引起的动作变形等。雪橇启动是运动员坐于雪橇上借助起点的把手进行推拉蓄力，随后迅速扒地加速，这无形中给运动员一种只需要加强背部肌群力量就能提升启动速度的错觉，而忽略其他部位的力量训练。只进行背部力量训练而没有针对胸部力量训练，容易导致前后侧链的失衡，雪橇运动员在进行推拉蓄力时，背部不能得到充分伸展，进而缩短了预牵拉的工作距离，背部力量自然得不到完全的发挥。此外，雪橇运动员也应加强下肢力量训练，下肢在启动过程中也起到不可或缺的作用，如果在划动结束后运动员没有将下肢的压力作用于雪橇前部，则背部产生的推进力不会高效地、集中地传递到雪橇前进方向上。

约瑟夫·施瓦兹（Joseph Schwartz）认为不同的运动形式和重力及环境存在着不同关系，且肌肉是在不同的链条下得以激活。在其提出的5大运动链中（如表2-4所示），最容易被教练员忽略的是内在核心运动链（Intrinsic），该运动链的主要功能是呼吸。人体从外界不断汲取氧气，进而通过氧化方式产生能量以满足新陈代谢的需求，同时不断将体内产生的二氧化碳排出，这种人体与外界环境之间进行的气体交换,称作呼吸。呼吸全过程由外呼吸、气体运输和内呼吸 3 个环节组成(如图 2-7 所示)。

表 2-4 约瑟夫·施华兹(Joseph Schwartz)提出的运动链观点

运动链	运动链功能	结构	功能/动作
内在核心运动链(Intrinsic)	主要功能是"呼吸",本质是通过呼吸内在联结中枢神经系统	颅骨	储存脑脊髓液
		下颌	咀嚼、说话
		喉声门	吞咽、说话
		颈	前庭觉
		脊椎	支撑
		胸腔	保护腔室
		横膈膜	帮助肺呼吸
		腹横肌	稳定脊柱、呼气
		骨盆	腰部支撑
		多裂肌	稳定脊柱、吸气
		盆底肌	保护脏器
深层纵向运动链(Deep Longitudinal)	主要功能是"吸收能量",如在步态周期中的着地阶段需吸收来自重力和前螺旋运动链在摆动期产生的动能	蹬长伸肌	伸蹬趾
		胫骨前肌	足背屈
		腓骨长肌	足外翻
		股二头肌	屈膝、稳定膝关节
		股直肌	伸膝
		大收肌	髋内收
		臀中肌	髋外展
		髂胫束	防止摩擦
		骶结节韧带	稳定骨盆
		骶髂关节	稳定骶骨
		胸腰筋膜	调节臀部和脊柱相关软组织张力
		竖脊肌	脊柱伸、稳定脊柱
		上斜方肌	扭转脖子、稳定颈
		前锯肌	保护肩胛
		胸大肌	手臂内收
		三角肌中部	手臂外展
		肱肌	屈肘
		桡侧腕长伸肌	腕关节外展
		拇展肌	指外展

续表

运动链	运动链功能	结构	功能/动作
侧向运动链（Lateral）	主要功能是"维持中轴稳定性"，实则是能量过渡期，身体吸收了来自深层纵向运动链的动能，再重新分配至新的动态平台，从而提供足够的动态稳定性	踇长屈肌	屈曲踇指
		足底腱膜	承受足部的张力，提供扭力，维持足弓的高度
		跟腱	维持机体行走、站立和维持平衡
		比目鱼肌	跖屈
		腓骨长肌	足外翻
		胫骨后肌	足内翻
		股外侧肌	伸膝
		髂胫束	防止摩擦
		臀中肌	髋外展
		大收肌	髋内收
		腰方肌	脊柱侧屈和后伸
		胸腰筋膜	调节臀部和脊柱相关软组织张力
		上斜方肌	颈椎侧弯、后仰
		中斜方肌	稳定肩胛
		背阔肌	稳定肱骨
		肱三头肌	伸肘
		尺侧腕伸肌	腕关节内收
		蚓状肌	指内收
后螺旋运动链（Posterior Spiral）	主要功能是"储存弹性动能"，包含胸腰筋膜、髂胫束、阿基里斯腱和足底筋膜四大筋膜弹簧	踇长屈肌	屈曲踇指
		足底腱膜	承受足部的张力，提供扭力，维持足弓的高度
		跟腱	维持机体行走、站立和维持平衡
		比目鱼肌	跖屈
		腓骨长肌	足外翻
		胫骨后肌	足内翻
		股外侧肌	伸膝
		髂胫束	防止摩擦
		臀大肌	伸髋、髋外旋
		臀中肌	髋外展
		骶髂关节	稳定骶骨
		胸腰筋膜	调节臀部和脊柱相关软组织张力
		背阔肌	躯干旋转
		斜角肌	扭转脖子、稳定颈部
		头夹肌	扭转脖子、稳定颈部
		三角肌	手臂外展
		肱三头肌	伸肘
		尺侧腕伸肌	腕关节内收
		蚓状肌	指内收

续表

运动链	运动链功能	结构	功能/动作
前螺旋运动链（Anterior Spiral）	主要功能是"弹性动能的转化"，将后螺旋运动链的弹性动能重新导向至步态周期中的摆动阶段	跨长伸肌	伸跨趾
		胫骨前肌	足背屈
		腓骨长肌	足外翻
		股二头肌	屈膝、稳定膝关节
		内收长肌	屈髋、髋关节稳定
		髂肌	屈髋、腰椎稳定
		腹直肌	躯干稳定、脊柱前屈
		腹内斜肌	躯干稳定、脊柱旋转
		腹外斜肌	躯干稳定、脊柱侧屈
		斜角肌	扭转脖子、稳定颈部
		头夹肌	扭转脖子、稳定颈部
		前锯肌	保护肩胛
		胸大肌	手臂内收
		肱肌	屈肘
		桡侧腕长伸肌	腕关节外展

注：结构中的**黑色粗体**是次系统（subsystem）

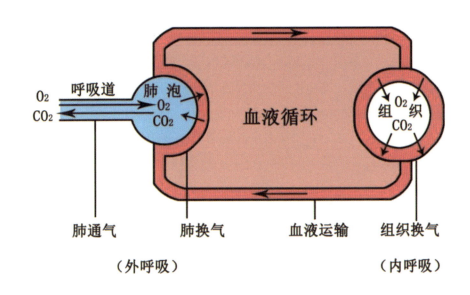

图 2-7 呼吸全过程示意图

众所周知，运动时机体的代谢加强以及不同供能系统参与百分比的转变，会促使呼吸系统发生相对应的变化，以保证机体对内外环境的适应以及确保技术动作的完成。呼吸肌包括吸气肌（膈肌、肋间外肌）、辅助吸气肌（胸肌、斜方肌、胸锁乳突肌、背阔肌）和呼气肌（肋间内肌、腹壁肌）。呼吸肌的训练有助于改善呼吸肌群张力收缩的协调与效率、提升呼吸肌肉的肌力与耐力，延缓呼吸肌疲劳的发生。此外，呼吸肌的增强能保证运动强度所需的氧气与ATP能量得到充足的供给，进而突破运动员的运动表现。呼吸肌的训练可分为肌力训练和耐力训练2种。肌力训练的主要途径是借助呼吸锻炼器，通过调整吸气呼气阻力、呼吸深度等参数值得以锻炼；耐力训练可采用跑步、游泳和骑自行车等方法。

除通过运动训练加强呼吸作用外，运动员在运动时采用合理的呼吸策略，有利于保持内环境的稳态，以创造优异的运动成绩。呼吸的形式、时相、节奏等，必须随技术动作进行自如的调整，才能提高动作的完成质量。以雪橇运动员为例，在启动过程中，运动员推拉动作完成后积极扒地加速，该阶段属于周期性运动，运动员的呼吸节奏应与一扒一推的动作模式相适应。在滑行过程中，运动员采用仰卧位，头部微微抬起，腹部始终处于发力状态，运动员应采用胸式呼吸，避免采用腹式呼吸导致核心区力量的流失。另外，在过弯时，无论是策略需要还是失误导致的碰壁，运动员都应合理利用憋气，因为憋气时可反射性地引起肌肉张力的增加，这能很好地抵御碰壁带来的反作用力与速度衰减。

20世纪70年代起，我国学者便对经络实质展开了系统的、有计划的探索，迄今为止，从神经系统、心血管系统、内循环系统、淋巴系统、免疫系统等多个方面提出了假说，但医学界尚未达成统一的认识。2016年10月，美国国立卫生研究院（National Institutes of Health，NIH）启动了一项名为刺激外周神经减轻症状（Stimulating Peripheral Activity to Relieve Condition，

SPARC）的研究计划，通过借鉴我国传统经络腧穴部位分布而提出了"高分辨率神经环路图谱"，将外周刺激、神经系统与器官功能调控进行了因果关系的整合[18]，进一步推动国内外对中医的经络系统研究的发展。

我们时常在国际赛场上看见运动员身上有拔罐后留下的印迹（如图2-8所示），常被网友戏称为来自东方的神秘力量，其实拔罐就是常见的升温通经络方法，除此之外，还包括火疗、艾灸、热针灸、刮痧和药敷等。这些常见的中医治疗手法的主要目的都是疏通经络，经络系统如同立交桥般交叉、联络贯通，各经络之间相互关联、互为表里，疏通经络能促进"神经—内分泌—免疫"调节。

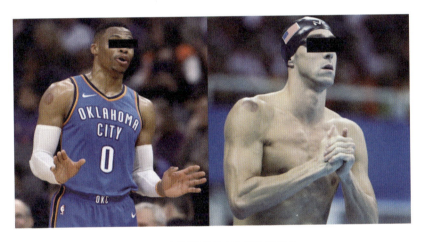

图2-8 国际运动员也采用拔罐疗法

结节为经络循行过程的结、聚点，关节连接点及过度使用的肌纤维之处易联结聚合，这与肌筋膜中的激痛点类似，是可触及的肌纤维中肌肉索条上高度紧张的点，此处可触摸到一条紧绷的肌带[19]，又称肌筋膜触发点。肌筋膜触发点是肌筋膜链上的疼痛阳性反应点，是由于肌肉损伤或劳累造成肌节挛缩，由多个短缩的肌节聚集形成的微小结节[20]。结节是产生疼痛反应的主体，其主要特征为自发性疼痛、深压时有牵涉痛及针刺后可引发局部肌肉抽搐反应[21]。结节多分布于肌肉肌腱结合处、肌腱附着处等部位，按压这些部位可产生局部甚至远端的疼痛及其他反应，通过推拿、针刺、理疗等治疗可使症状减轻或消失[22]。临床上中医遵循"通则不痛，痛则不通"的治疗原则，与基于肌筋膜链的"灭活肌筋膜链触发点"的治疗思路不谋而合。当运动员机体出现结节时，教练员或物理治疗师应遵循以下治疗原则：首先处理局部疼痛部位，在局部处理疗效欠佳或无效的情况下，寻找与疼痛部位相关联的经络腧穴、肌肉部分进行处理，通过对远端相关联部位的调理，使整体的张拉力状态得到平衡，从而改善疼痛症状。

如遇严重的运动损伤，仅仅依靠物理治疗师的手法是无法解决的，通常需要采取手术，如膝关节韧带重建、半月板关节镜像等。在接受手术后，运动员的生理与心理均会产生不同程度的创伤，对运动员运动损伤后的治疗与康复既是生理性的，又是心理性的，是决定其运动生涯时长的重要工作。

4. "点的应用"

"点"的加减，如果把运动能力系统看作一个复杂网络，训练过程即是在原系统中增加或减少与运动能力相关的节点。加、减节点通常会导致原网络结构的变化，改变原有运动能力结构相对稳定的状态，这种变化可能是积极的、良性的，也可能是消极的、恶性的。"点"的加减是否成功决定训练方法、手段是否有效。如同样追求快速启动的雪车和雪橇运动，对力量都提出了严格的要求，但雪车主要依靠的是下肢力量，而雪橇更加依赖上肢力量，因此，雪橇运动员上肢和髋部力量训练居多。

不同的运动水平或不同训练周期，增加或减少运动能力节点对于促进运动能力系统演化的作用与方式是不同的。对于青少年运动员而言，任何节点的增加几乎都能使运动能力系统得到提升；而对于高水平运动员来说，这种情况通常只会出现在伤病初愈或恢复期，他们"点"加减是否成功主要依赖强化专项能力而引起的协同效应[23]。

5. "边"与"权重"的应用

"边"表示运动能力网络结构中各个要素间的相互关系。加减"边",即运动能力系统中不同要素间关联的加强或减弱。运动实践中通过专项练习不断强化运动能力,同时处理好运动能力与损伤预防、伤后康复之间的关系,才能使运动能力系统得到最优化的提升。倘若运动员在运动过程中出现损伤,受伤病的影响,原先设定好的训练无法如期执行,运动能力系统原来已建立的联系也会逐渐减弱乃至消失,发生减"边"。

权重,用来评价运动能力系统中要素间关系紧密程度,以网络化视角看待运动能力系统结构,要素节点之间相互关系的紧密程度不能简单用"有""无"来表示,反映在网络里,还要分析这2个节点间是否存在"边",连线的粗细情况则反映其亲疏程度。不同运动项目决定了要素的权重比,如颈部力量对雪车、钢架雪车和雪橇都十分重要,但相较于钢架雪车和雪橇比赛时的卧位姿势,雪车运动员采用的坐位姿势对颈部力量耐力的要求也就更小。

权重比不是永恒不变的,而是处于动态平衡之间,不同训练时期、不同训练任务的权重比也相对应发生变化。处在身心发育阶段的青少年运动员,竞技能力的提高以一般训练为主,专项训练为辅;而对高水平运动员专项训练权重变强,一般训练变弱;恢复期训练一般训练权重变强,专项训练变弱;赛前训练专项训练权重变强,一般训练权重变弱。

(三)对力量的认识

肌肉是迄今为止体内最大的组织,这是人类在进化和生存过程中不断改变运动和移动方式的结果。人类进化的过程表明,超过99.75%的人类进化与肌肉能力有关。尽管现在我们不需要像我们的祖先一样,在丛林里追逐狩猎或冲刺逃脱野兽的追捕,但我们仍需要发挥肌肉的功能来完成日常活动和体育运动。

力量作为肌肉运动的主要表现形式之一，无论是与运动员的竞技能力，还是与人的健康都存在着密切的联系。力量的概念及分类是进行力量理论和实践活动展开的逻辑起点。近些年体育科学领域关于力量训练的研究不断推陈出新，人们对力量训练的认识逐渐深入，并涌现出更多新的分类依据和训练理念，对当前力量训练的实践具有很强的指导意义。力量训练是重复收缩某块肌肉或肌群的抗阻训练，能增加肌肉体积和收缩蛋白含量，增加肌糖原和磷酸肌酸储备[24]，降低相对质量的氧化酶活性[25]。

肌肉力量（muscular strength）简称肌力，德国出版的《运动科学辞典》中，将肌力定义为神经肌肉系统产生冲量的能力[26]，《运动训练学》对力量的解释是人体神经肌肉系统在工作时克服或对抗阻力的能力[27]。根据不同的分类标准，力量素质可以被分成不同的种类（如表2-5所示），目前，人们经常提及和使用的力量分类主要是从训练学角度出发，分为最大力量、速度力量和力量耐力。随着力量训练手段的丰富和力量测试设备的迭代，有学者从拉长—缩短周期（Stretch-Shortening Cycle，SSC）的视角，提出"反应力量"概念（如图2-9所示）。

表2-5 力量素质的分类

划分依据	分类			
与专项的关系	一般/基础力量		专项力量	
与体重的关系	绝对力量		相对力量	
力量表现形式	最大力量	快速力量	力量耐力	反应力量
肌肉收缩形式	静力性力量（等长收缩力量）	动力性力量（向心收缩力量、离心收缩力量、超等长收缩力量、等动收缩力量）		

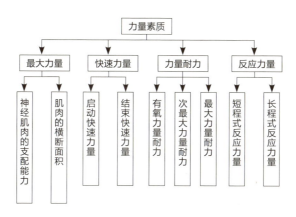

图 2-9 力量素质分类结构图[28]

1. 最大力量

最大力量是指人体肌肉最大随意收缩时表现出来的最大能力，肌肉产生力量的大小，与中枢神经系统发放冲动的频率和强度成正相关，肌肉的生理横断面积、肌纤维类型、数量、长度、支撑附着面积、走向等均会影响肌肉产生力量的大小，此外肌肉内部和肌肉间的协调性都是影响肌肉力量的重要因素。人们通常使用 1RM（1Repetition Maximum）指标来评估运动员的最大力量。根据人体生物节律周期，1RM 并不是绝对的、恒定的，而是相对的、在一定程度上波动的。有学者从负荷量的角度将最大力量分成 2 个不同的功能区域优先发展机体神经募集能力的最大负荷（90%~100%1RM）和优先发展肌肉横断面积的次最大负荷（75%~90%1RM）[29]。最大力量是快速力量[30-32]和力量耐力[33-34]的基础，同样地，对速度素质也存在积极的影响[35-36]。应根据专项特征和项目需求择取与最大力量相关的训练手段，如速度力量性项目的力量训练应以提高肌肉的神经支配能力为主，避免发展更大肌肉的横断面积，而健身健美选手的最大力量训练恰好与其相反。

2. 快速力量

快速力量是肌肉在尽可能短的时间内产生最大张力的能力。根据功率（power）的物理学定义，有时又将快速力量等同于肌肉的爆发力（explosiveness），即肌肉的收缩力量与收缩速度的乘积（P=FV），该指标反映的是肌肉力量和速度结合的一种能力[37]。如表2-6所示，不同力量练习动作的功率差别很大。

在同样以速度力量为主的运动项目中，短跑的起跑和跳远的起跳动作要求运动员在着地瞬间达到最大输出功率，投掷项目器械出手和乒乓球杀球动作则需要在技术动作结束时获得最大输出功率，也就是说，功率力量仍然存在不同的表现形式，有学者将其分为"启动快速力量"和"结束快速力量"2种类型[38]。

表2-6 不同练习动作的功率对比[39]

练习名称	质量（kg）	加速度（m/s²）	做功距离/高度（m）	做功（J）	做功时间（s）	功率（W）
卧推	100	9.81	0.4	392	2	196
硬拉	170（75）	9.81	0.5	1 202	3	400
深蹲	140（75）	9.81	0.65	1 370	2.75	499
半蹲	170（75）	9.81	0.32	769	2	385
高翻	90（75）	9.81	0.85	1 375	0.8	1 719
下蹲翻	100（75）	9.81	0.7	1 202	0.7	1 716
膝上提铃至胸	100（75）	9.81	0.6	1 030	0.6	1 716
弓箭步上挺	100（75）	9.81	0.25	429	0.25	1 716
膝上翻	90（75）	9.81	0.4	647	0.35	1 849

注：除了卧推以外，其余练习在计算做功时，总质量包括杠铃质量和人的质量（75kg），且仅选取向心阶段进行数据分析

力的发展速率（Rate of Force Development，RFD）指的是单位时间内力量的增幅，即力量—时间曲线的斜率，是反映快速力量的一个重要指标[40]。在发展 RFD 时，应有针对性地选择练习动作（如表 2-7 所示）。此外，爆发型项目运动员的 RFD 比耐力型运动员和普通人要高[41]。

表 2-7 不同练习动作的 RFD 对比 [42]

练习名称	最大作用力（N）	达到最大作用力的时间（s）	最大 RFD	达到最大 RFD 的时间（s）
静力性大腿中部提拉杠铃	3 177	0.25	28	0.12
大腿中部提拉杠铃（90%1RM）	2 327	0.25	23 472	0.14
大腿中部提拉杠铃（30%1RM）	1 817	0.15	27 607	0.09
下蹲跳（CMJ）	1 449	0.39	12 093	0.26
蹲跳（SJ）	1 663	0.32	11 529	0.19

史密斯架蹲跳（squat jump）测试主要用来帮助运动员找到快速力量训练的最佳负荷，要求受试者在测力台上做蹲跳动作，测力台及时反馈腾空高度、触地时间、地面反作用力，然后计算出平均功率（Mean Power）、平均推进功率（Mean Push Power）、峰值功率（Peak Power）[43]等指标，最后绘制功率—负荷曲线，可根据拐点找到训练的最佳负荷[44]。

快速力量训练应使力量—速度曲线各部分的发展更全面，促使输出功率显著增长。从动力学理论上讲，使用较重的负荷会增强曲线中的高力量部分，而低负荷高速运动则会增强力量—速度曲线的高速度区域。合理的快速力量训练手段可以使整个力量——速度曲线[45]（如图 2-10 所示）出现更全面的适应性变化，效果优于单纯的大负荷训练和爆发力训练。

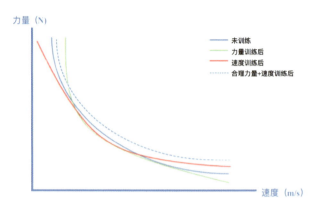

图 2-10 不同训练方式对力量—速度曲线的影响

3. 反应力量

1972年苏联的维尔霍山斯基（Verhoshansky）在《专项力量训练的基础》一书中首次提出"反应力量"是一种相对独立的力量素质。[46] "反应力量"是指肌肉在由离心式拉长到向心式收缩时利用肌肉中弹性能量的储存与释放，以及神经反射性募集所爆发出的力量。反应力量以时间为界可以细分为"长程式"与"短程式"，不同学者对分界的时间有不同的观点，但集中在 0.15~0.25s 之间，不同运动项目的反应力量类型不同（如表 2-8 所示）。值得注意的是，反应力量并非离心收缩动作与向心收缩动作的简单组合，而是多种机制精密交互作用的结果[47]，这也正是反应力量与快速力量的根本区别。

表 2-8 不同运动项目的反应力量类型[48-54]

动作名称	SSC 时间（s）	反应力量类型
竞走	0.27~0.30	长程式
短跑	0.08~0.09	短程式
下蹲跳（CMJ）	0~50	长程式
跳深（20~60cm）	0.13~0.30	短程式或长程式
跳远	0.14~0.17	短程式
连续跳栏架	0.15	短程式

与最大力量和功率力量相比，反应力量具有以下3个特殊的机制[55]：

◎ 能量储存：主动肌串联弹性成分储存弹性势能（离心阶段）

◎ 间隔时间：在牵拉即将结束、收缩即将开始（转化阶段）

◎ 反射活动：收缩主动肌，串联弹性成分释放弹性势能（向心阶段）

反应力量主要用跳深动作进行评估，该测试要求运动员依次从不同的高度下落至测力台，然后迅速跳起。利用腾空时间或腾空高度与脚接触测力台时间的比值，可以计算出反应力量指数（Reactive Strength Index，RSI）[56]。反应力量指数越高表明其反应力量越好，并且反应力量—跳深高度曲线的拐点就是训练该能力的最佳跳深练习高度（如表2-9所示）[57]。

表2-9 不同跳深高度的 RSI 指数[58]

跳深高度（cm）	腾空高度（cm）	触地时间（s）	RSI指数（腾空高度/触地时间）
30	38.9	0.155	251
45	40.8	0.153	267
60	40.1	0.141	284
75	37.1	0.142	261

有研究表明，最大力量与反应力量存在正相关性的结论仅适用于在项目特征中存在明显的拉长—缩短周期的运动员[59]，有人得出男性运动员的最大力量与反应力量的相关程度要大于女性运动员的结论[60]，但也有研究认为，高水平运动员反应力量与最大力量的增长呈非线性相关关系，即通过专门的训练方法能够使反应力量在最大力量不增加的情况下得到较大程度的提升，这种不依靠最大力量素质在反应力量上的有效提高主要是通过改善不同骨骼肌之间协调能力得以实现的[61]。

4. 力量耐力

肌肉以静力性或在对抗大于30%1RM负荷的动力性工作过程中抵抗疲

劳的能力被称为力量耐力，德国学者将力量耐力细分为"最大力量耐力""次最大力量耐力"和"有氧力量耐力"，人们可以根据专项特点选择负重，重点发展该力量负荷区域的耐力，解决了长期以来力量耐力训练中选择适宜负重重量的问题。力量耐力由负荷大小和该负荷的重复次数或持续时间来评定。如果测量在一定阻力下总的重复次数，其结果表示绝对力量耐力；如果测量在一定百分比1RM重量下的重复次数，其结果表示相对力量耐力。

力量耐力与肌肉的肌纤维类型存在着密切的关系，快肌纤维的力量和爆发力比慢肌纤维强，但慢肌纤维具备良好的抗疲劳能力[62]。当承受荷载的时间小于30s时，肌肉疲劳主要受中枢神经系统和动作电位传导速度的影响；而对于长时间负荷，受能量代谢的影响越来越大，造成肌肉疲劳的主要原因是供能系统中能量物质的输送不足，导致血乳酸等代谢产物增多[63]。

（四）对速度的认识

在短距离周期性运动项目中，如跨栏跑、短跑、短道速滑、游泳、自行车等，运动员的速度能力是评价运动成绩的主要标准；在非周期性运动项目中，如田径的投掷项目、羽毛球、乒乓球、网球，运动员的动作速度也成为夺得比赛胜利的关键因素；在格斗对抗类项目中，如拳击、击剑、散打、自由搏击，运动员反应速度的快慢成为掌握攻防节奏的关键。正所谓"天下武功唯快不破"，适用于绝大多数运动项目。

速度素质是指人体快速运动的能力[64]。根据牛顿第一定律 $F=ma=m\frac{v}{t}$ 可知，机体加速度与身体质量和力量有关。美国体能协会认为："速度素质是指通过加速度获得最大速度的运动能力，是在特定的运动或技术动作中应用爆发力的结果[65]。"速度素质按照不同的表现形式可分为反应速度、动作速度和移动速度（如图2-11所示）。

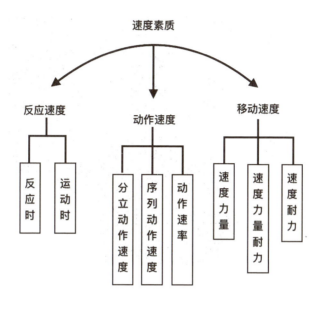

图 2-11 速度素质的分类[66]

1. 反应速度

反应速度是指人体对各种信号刺激（声、光、触等）快速做出应答的能力，与动作形式有关。不同运动员项目的刺激源是不同的，如短跑、游泳、短道速滑等竞速类运动项目，运动员主要接受的是听觉信号，而球类和格斗对抗类项目，运动员主要接受的是视觉信号（如图 2-12 所示），触觉信号往往是伴随听觉信号进行的，如 4×100m 接力时，接棒运动员通常先正常摆臂加速，当听到"接"时（听觉），才伸手接棒，最后手触碰到接力棒（触觉）时才收手继续完成加速冲刺。冬奥冰道滑降项目运动员在滑行过程中通过观察"车橇"行驶路线（视觉），听"车橇"碰壁的声响大小（听觉）和感受碰壁的撞击力（触觉）随时做出路线调整。

反应速度包括反应时和运动时，"反应时"反映了人对自身动作行为控制的一个复杂过程，这过程主要包括：人对外界信息的识别（identification）；

图 2-12 格斗运动员正在进行视觉信号刺激的反应练习

人对反应行为的选择（response selection）；人对具体反应动作的程序化（programming）。通常将"反应时"作为说明反应速度快慢的测试指标，如今正式短跑比赛的起跑器都植入压力感受器，进而计算运动员对发令的反应时间。从行为控制学的角度思考，单纯研究"反应时"似乎只能说明反应快慢问题，但研究影响"反应时"的因素，如"反应时"与动作的速度及准确性的关系对实践更具指导意义。部分运动项目要求运动员做到"快、准、狠"，因此，提高动作的速度和精确性是必不可少的环节。田径的跳远和跳高都涉及如何在高速奔跑中准确地找到适宜的起跳点。在网球或羽毛球的回击动作中，涉及如何高速挥拍时准确地将球击回至刁钻的位置[67]。在冬奥冰道滑降项目中也涉及如何在高速行驶中精准找到滑行距离最短的路线。

影响反应速度的快慢的主要因素包括：感受器的敏感程度；中枢延搁；效应器（肌组织）的兴奋性。良好的兴奋状态及其灵活性，能够加速机体对刺激的反应,使效应器由相对安静状态或抑制状态迅速转入活动状态。此外,运动条件反射的巩固程度提高也能促进反应速度的提升。随着动作复杂性的提高,人体的反应时会产生不同程度的延长。

2. 动作速度

动作速度是指人体完成某个动作或某一系列动作所用时间的快慢,包括分立动作速度、序列动作速度和动作速率。单个技术动作如投掷项目的器械出手速度、篮球的投篮速度、乒乓球的正反手杀球速度、雪橇的扒地速度等;成套动作速度指体操、跳水等运动中运动员完成整套动作所用的时间。动作速率是指单位时间内完成动作的次数,如拳击运动中单位时间内出拳次数、跆拳道的踢腿次数以及我们熟知的跑步步频。

影响动作速度的快慢的主要因素包括:肌纤维类型;肌肉力量;肌组织机能状态(兴奋性高低);运动条件反射的巩固程度。快肌纤维占比越高,动作速度越快;肌肉力量越大,动作速度越快;肌组织兴奋性越高,动作速度越快;运动条件反射的巩固程度越高,动作速度越快。

3. 移动速度

移动速度是指单位时间内机体通过一定距离的能力。移动速度是反应速度、动作速度和动作速率综合表现的快速运动能力,同时还受力量、耐力、柔韧性、协调性和技术的影响。在短跑运动员的100m成绩从10.9s提升至10s时的诸多影响因素中,最大力量提升的贡献度为12.34%,爆发力增强的贡献度为20.57%,肌肉放松能力改善的贡献度为21.57%。200m跑成绩由21.5s提升至20s时,肌肉放松能力占48.32%,力量占6.86%,爆发力占11.33%[68],因此,短距离冲刺项目应强调运动员在跑动中肌肉放松的程度,运动员肌肉放松能力的提高,使其动作的协调性得到改善,减少了不必要的能量消耗。同时,还有利于肌肉血液循环、氧气、能量供应能力增加,并有利于乳酸等产物的代谢。冬奥冰道滑降项目的启动加速与田径短距离竞速项目的启动加

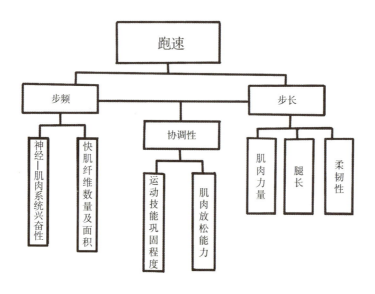

图 2-13 雪车和钢架雪车运动员启动阶段跑速的影响因素

速目的一样,跑速 = 步频 × 步长(如图 2-13 所示),且都是在摆脱静止状态后,在短时间内达到较高初始速度。运动员只有做到肌肉放松,肌肉中循环的血流量才会增多,氧气输送量也随之增多,ATP 再合成的速度和比例就会更高,肌肉收缩的力量和速度也会随之增加,最终表现为步长、步频的增加或扒地的频率增快。

移动速度包括速度力量、速度力量耐力和速度耐力。速度力量又称为快速力量,是指在一定时间内克服阻力产生最大冲量的能力,是力量和速度紧密结合的特殊力量素质。在以高度或远度评定运动成绩的竞技运动项目中,运动员无一例外地依靠人体肌肉的快速收缩,使器械脱离人体或人体脱离支撑点时获得最大的瞬时速度来实现理想的成绩[69],这些项目运动员的速度力量实际上是在恒定阻力条件下所表现出来的最大"动作速度"。"速度力量耐力"是指在保持长时间发挥速度力量的能力,如 4 人雪车启动环节,最后跳入车内的刹车手需保持连续的速度力量做功。速度耐力是指长时间保持高速度的能力，或重复较短距离的冲刺能力。速度耐力在比赛的前半程对动作频率和幅度产生影响较小，但它将决定运动后半程移动速度衰减的程度。

4. 冬奥冰道滑降项目的速度素质训练原则

（1）应结合专项进行

雪车、钢架雪车和雪橇比赛时，运动员只需在出发信号发出后的规定时间内，完成推车启动即可，因此，不需要针对启动阶段的反应速度进行专门练习，但在滑行过程中，受弯道类型、行驶速度、驾驶路线、坡度变化等因素影响，运动员需良好的反应速度能力。在训练实践中，可采用跑动中接实心球和躲避网球等小游戏，既提高了训练的趣味性，又使运动员的反应速度得到锻炼。结合专项的VR模拟滑行和真实赛道滑行，是发展运动员专项反应速度能力必不可少的训练手段。除反应速度外，还需发展运动员的移动速度，雪车和钢架雪车主要发展下肢的蹬伸速度，雪橇侧重发展上肢的扒地速度。此外，雪车还会涉及2人或4人的协调发力问题，因此，要强调舵手、推车手和刹车手间节奏的一致性。

（2）注意身体素质的全面提高

移动速度具有多素质结合的特点，且移动速度的发展与力量、耐力、灵敏、协调、柔韧等其他身体素质的发展有着密不可分的关系，只有综合素质得到提高，才能最大限度地发挥移动速度潜能。钢架雪车运动员的仰卧腿举峰值功率对应的力量和无负重的下蹲跳高度这2个变量与V15m（Velocity 15m，15m的瞬时速度）高度相关[70]，换言之，力量和爆发力的提升促进移动速度的增长。

（3）注意速度障碍的产生

在运动训练过程中，运动员常在速度素质提升到某种程度时，出现停滞不前，难以进步的现象，称为"速度障碍"。速度障碍不单纯存在于平跑速度中，还包括跳远的起跳速度、投篮的出手速度等。运动员为强化某环节的技术动作常进行反复练习，进而使动作在时间上和空间上都变得相对稳定，使动作的速度和频率都进入稳定状态，最终形成动力定型。速度障碍现象在冬奥冰道滑降项目的启动中尤为普遍，解决该现象的常用方法包括适应不同赛道的启动赛段坡度，雪车和钢架雪车还可采用推轻重量的雪橇，雪橇可以借助启动模拟装置的传送带速度设置功能，完成牵引启动，但在采用这类练习时，不应过分降低标准，同时还需注意，在降低条件后达到的速度应是运动员在不久的将来又能在正常条件下达到的速度。否则，由于过分偏离专项的要求，专项动作的时空特征也会受到破坏，从而导致以后恢复至正常训练的时间延长，出现"事与愿违"的结果[71]。

（4）注意中枢神经系统的疲劳情况

速度素质训练一般应在运动员兴奋性高、情绪饱满、运动欲望强的情况下进行，安排在训练课的前半部。最大速度的训练需要运动员充分调动神经—肌肉系统的兴奋性和保持注意力的高度集中，因此，过多的最大速度训练容易造成中枢神经系统的疲劳，进而造成技术动作的动力定型和速度障碍。此外，在安排最大速度训练时应将练习距离控制在以磷酸原供能系统为主的段落内（雪车和钢架雪车的推车橇距离不宜超过60m，雪橇启动时的扒地加速次数应控制在8次以内），因为最大速度训练的主要目的是发展磷酸原供能能力，但磷酸原供能系统最多只能维持肌肉6~8s的最大收缩，如果练习距离过长，能量代谢形式将由磷酸原供能转向糖酵解供能，而糖酵解过程产生的乳酸将会导致神经—肌肉系统兴奋性的降低。

二、科技手段应用

（一）运动捕捉系统

比赛或训练时，当运动员完成滑行后，可查看自己在不同计时点的时间和速度，这是官方提供的计时系统的便利之处，但也存在局限，比如启动赛段仅有一个计时点，难以全面分析、诊断运动员启动技术，只能训练时在"车橇"上安装三维加速度计和力传感器等力学元件，再以陆地推车的形式或在溜冰场和冰屋内自行布置计时系统（如图2-14所示）和运动捕捉系统（如图2-15所示），如此可透彻地分析运动员的启动表现。

美国运动医学协会采用DARI Motion的无标记动作捕捉系统，一种用于棒球挥棒与投球生物力学分析的产品。相较于美国运动医学协会在过往大量研究工作中使用的有标记系统，全新的无标记系统不需要花费大量的部署准备时间，也不会对运动员执行技术动作产生干扰，且识别到的人体关节点准确度能达到99%，排除多次测试中的人为误差。运动员有时候不愿意脱掉熟悉舒适的运动服，换上贴满标记的黑色紧身衣（如图2-16所示），这会让他们远离真实的比赛状态，可能改变他们的动作模式，那么与比赛数据比对

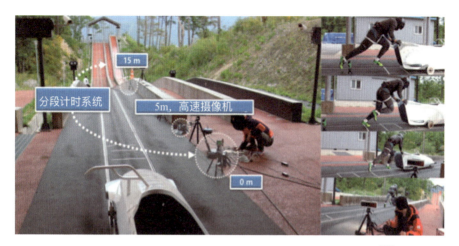

图 2-14 韩国体育局正在借助计时系统进行雪车运动员陆地推车测试[72]

图 2-15 科研人员准备在溜冰场进行启动测试（计时系统）[73]

分析也就变成一个相对薄弱的假设。无标记动作捕捉系统，不仅节省了部署准备的时间，数据处理速度也能从原来的 1h（hour，小时）缩短到只有大约 5min（minutes，分钟），能让更多的运动员应用动作捕捉系统，教练员也可以很快拿到反馈报告（如图 2-17 所示）。目前，国内已开始尝试将无标记动作捕捉系统应用至钢架雪车项目启动技术分析。

图 2-16 运动员正在进行启动模拟训练(三维运动捕捉系统)[73]

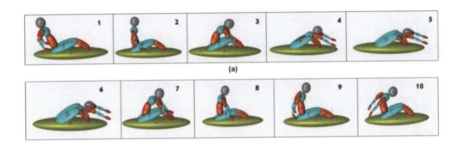

图 2-17 雪橇运动员启动模拟训练的三维图[74]

(二)VR 模拟训练

受地理环境气候的影响,绝大部分雪车运动员不能全年在赛道上进行滑行训练。虚拟现实技术(Virtual Reality,VR)是一项在虚拟的世界里提供虚拟信息的技术,一般指综合利用计算机图形学、计算机仿真技术、多媒体、人工智能和多传感器等方面的技术。交互性、构想性、沉浸感对动作技术分析的深度和细致度已超过三维录像解析所获得的运动学参数。

早在 20 世纪末就有相关 VR 在雪车项目中的研究,哈伯德(Hubbard)及其同事设计的雪车仿真器,能将雪车驾驶舱的物理模拟结果显示在监视器上(如图 2-18、图 2-19 所示),并根据模拟结果控制雪车运动,最后将力反馈结果倒传回至系统[75],这为休赛季期间初学者及精英运动员的模拟滑行

图 2-18 与 VR 设备连接的雪车驾驶舱　　图 2-19 雪车赛道实景模拟室

训练提供了思路。

雅敏（Masatoshi）等人通过 VR 技术模拟日本长野（Nagano）赛道（如图 2-20 所示），经过 16 名雪车运动员体验后得出结论：雪车仿真训练系统与真实雪车训练相似；无刃的雪车操作看起来更偏向低水平的滑行；与实际速度相比，运动效果较低，后续建议添加运动增强模式；该训练系统更适用于培训新手运动员或完全不熟悉该项目的运动员。鉴于此，后续将 VR 技术融入到冰道滑降项目滑行训练时，应该考虑速度感、过弯时颈部的压迫感和刃与冰面摩擦产生的震动等情况。

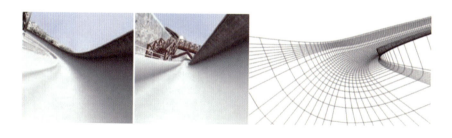

图 2-20 VR 技术绘的赛道线框渲染图和实际效果图

雪车、雪橇、钢架雪车制造工艺流程包括以下几部分：

1. 运动员及装备的 3D 扫描
2. 风洞实验

3. 计算流体动力学分析（如图 2-21 所示）

4. 空气动力学性能优化

5. 制作样品

6. 依据样品敲定成品

7. 处理人与"车橇"的交互关系

8. 实际赛道测试

其中最容易被忽略的就是处理与"车橇"的交互关系。"工欲善其事、必先利其器"，雪车、钢架雪车和雪橇项目已经演绎为运动员和科技装备紧密联系的综合竞争。尽管轻质高强碳纤维装备能在一定程度上提高雪车、钢架雪车和雪橇等竞技运动成绩，但装备始终是服务于运动员的，若比赛装备与运动员个体特征适应性不好，则出现难以充分发挥个人潜能等问题，最终成为阻碍运动员由优秀迈向顶尖的重大瓶颈，因此，在设计"车橇"及头盔等防护装备时不仅需要思考减阻问题，还应考虑适配性和舒适度等问题。

图 2-21 钢架雪车世锦赛冠军 Kristan Bromley 的 CFD 分析

运动员和装备的契合程度是运动成绩提高的重要因素，可通过针对运动员与"车橇"的结合方式进行实地训练比赛，从而获得供训练优化和装备提升的迭代参考数据。借此，全面收集和挖掘训练比赛核心数据、识别比赛成绩关键因素、准确评价设备健康状态、建立全周期交互式快速反馈机制，这为实现雪车、钢架雪车和雪橇运动装备的迭代和提升竞赛成绩提供了重要支撑。

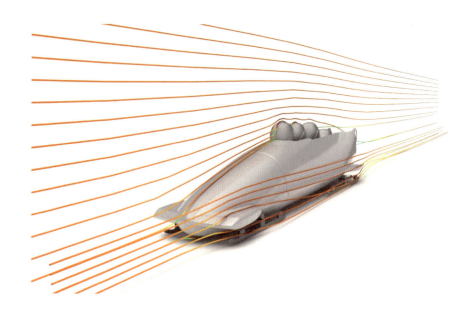

图 2-22 计算机模拟 4 人雪车减阻

（三）风洞实验

　　风洞实验指在风洞中安置物体模型，研究气体流动及其与模型的相互作用，以了解其空气动力学特性的一种空气动力实验方法（如图 2-22 所示）。冬奥滑降项目就是人—"车橇"一体在赛道中以至少 130km/h 的时速滑行，免不了与空气阻力打交道，因此，如何最小化空气阻力是设备厂商面临的最大问题。

　　其中风洞实验是评价"车橇"是否合格的重要"工具"（如图 2-23 所示），只有最大限度地满足空气动力学要求才能得到运动员们的青睐。风洞实验的理论依据是运动相对性原理和流动相似性原理，但由于风洞尺寸、结构、材料、模型、实验气体等方面的限制，风洞实验要做到与真实条件完全相似是不可能的。即使是最佳的风洞设备，也无法设置弯道或不平整的冰面，

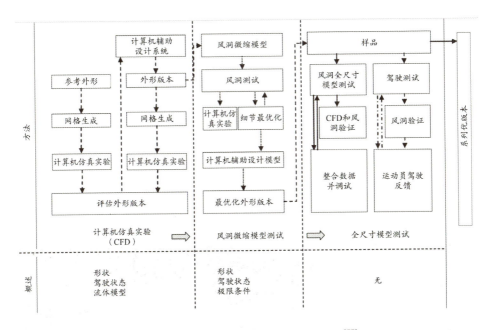

图 2-23 雪车空气动力学最优化设计流程图[77]

尤其是在滑行过程中对冰面结构的破坏。黑斯廷斯（Hastings）通过计算流体动力学（Computational Fluid Dynamics，CFD）得出结论，在风洞试验中固定的地板与不平整的赛道测试结果之间存在 7% 的偏差，若考虑赛道的几何特征，还将增加 2.5%[76]。此外，雪车测试和开发的成本很高，因此，理论上的开发不能直接实施验证。除此之外，舵手和乘员需要时间适应新"车"，并且任何微调都需要在奥运训练周期的中期完成，以留出时间进行调整和改善性能。

除了利用风洞对雪车外形空气动力学进行优化外，还有对人与"车橇"的位置关系进行最优化研究，尤其是钢架雪车和雪橇这 2 个对外形改动较少的运动项目。博顿（Berton）等人利用风洞模拟方法，计算出雪车运动员在车中相对位置对阻力的影响程度[78]。温克勒（Winkler）通过数值计算的方式建立了一个与雪车运动员的各种生物特征相关的数据库，用来优化雪车运动员的坐姿和位置，最终确定刹车手在车内保持上身下压的姿势是雪车行进过程中的最优化姿势[79]。路易斯（Lewis）对雪车周围的流场进行了实验和数据研究，提出头盔形状的改变和前后整流罩间隙的合理选择可以减少整个雪车的阻力[80]。与雪车相比，钢架雪车运动员滑行时身体完全暴露在外并保持头部适宜抬起，对风阻的要求更高，因而，钢架雪车运动员的身体姿态以及头盔对空气动力学的要求也更加苛刻（如图 2-24 所示），其头盔主体与面罩采用一体化设计，不可开合。

图 2-24 正在进行风洞实验的钢架雪车运动员

第三章

冬奥冰道滑降项目

一、竞技能力特征

竞技能力是由不同表现形式和不同作用的体能、技能、战术能力、运动智能和心理能力所构成,并综合表现于专项竞技的过程之中。[81]《辞海》中对"特征"的解释是事物可供识别的特殊的征象或标志。[82]"特征"是人或事所特有的东西,是事物的属性和外在表现形式,是一事物区别于其他事物的最显著的征象和标志。[83]"轭"指马具,马背上的架子,通过"轭"控制两匹马同步行走,"共轭"即为按一定的规律相匹配的一对。

雪车、钢架雪车和雪橇的竞技能力结构、成绩评定方法、训练要求等要素,既有其独立性,又具共性(如图3-1所示),将之统一划为冬奥冰道滑降项目有利于提高对项目的认识和实践;有利于对其制胜规律的把握;有利于项目的布局和可持续发展;也便于竞技能力构成要素之间的分层比较。

(一)滑降项目的体能特征

体能是通过力量、速度、耐力、协调、柔韧、灵敏等运动素质表现出来

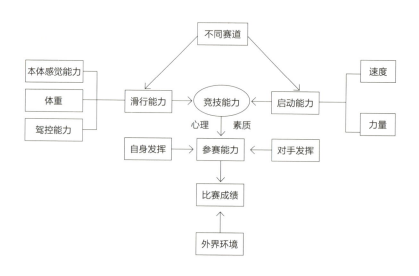

图 3-1 雪车、钢架雪车和雪橇竞技能力关系图

的人体基本的运动能力，是运动员竞技能力的重要构成因素。雪车、钢架雪车和雪橇作为体能主导类速度力量型项目，要求运动员在位移过程中的能量输出功率大，具有较强的力量素质以及快速反应和快速动员的能力。启动加速作为滑降项目的初始环节，是"车橇"尽可能以最大初速度进入滑行阶段的保障。钢架雪车（如图 3-2 所示）和雪车（如图 3-3 所示）主要通过下肢爆发力，雪橇（如图 3-4 所示）主要依靠上肢和躯干爆发力完成启动加速。钢架雪车运动员需要在 30m 左右的距离完成俯身推车启动加速；雪车运动员依据赛道设计坡度，需要在 6s 内将一定重量的雪车推进 50m；雪橇则依靠起点的把手，手臂、后背和腰部协同发力，将自身和雪橇推出，随即依靠佩戴有钉刺手套的双手扒划冰面，需要在 3s 内行驶 6m 以上。

在启动加速阶段所表现出来的最大收缩力量、最快收缩速度是冬奥冰道滑降项目运动员神经肌肉工作的共同特点。普拉策（Platzer）对奥地利国家雪橇队 13 名男运动员进行不同生理因素影响启动表现的测试发现，卧拉、体

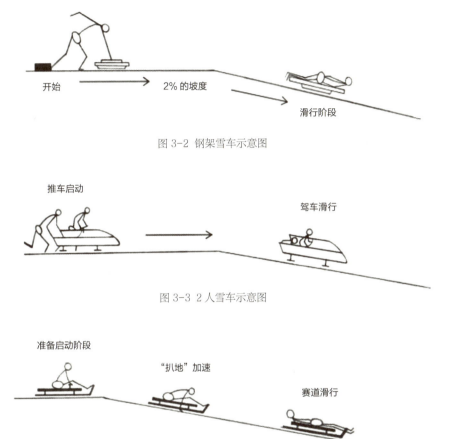

图 3-2 钢架雪车示意图

图 3-3 2人雪车示意图

图 3-4 单人雪橇示意图

后仰、握力这3项力量测试是招募运动员的重要测试指标,最大等长卧拉力量是"推拉"阶段雪橇最大速度的主要预测因子($R^2=0.750$),相对等长卧拉力量是推离把手时雪橇速度的主要预测因子($R^2=0.731$)[84]。美国雪橇国家队发布的体能测试标准中指出背部的肌肉组织(竖脊肌,背阔肌)和上肢(肱二头肌,肱三头肌,胸大肌,三角肌,斜方肌)是雪橇推离阶段的主要影响因素。伦贝特(Lembert)提出高效的扒地动作要求指、腕和肘关节需保持刚性，这样才能对冰面施加足够的作用力，每次扒地都会增加动量，直至雪橇达到最大速度。当手臂摆动时，运动员躯干的肌肉也需要紧绷以保持背部挺直[85]。雪橇项目不仅仅需要背阔肌等大肌群参与，还需要腕屈肌等灵活的小肌群与之协同。有研究表明，15m无抗阻冲刺、仰卧腿举峰值功率对应的力量和无负重的下蹲跳高度这3个变量解释了钢架雪车15m处的瞬时速度86%的差异，换言之，所有对 V_{15m} 的影响因素合计为100%，而15m无抗阻冲刺、仰卧腿举峰值功率对应的力量和无负重的下蹲跳高度这3个变量就占了这所有影响因素中的86%[86]。帕克（Park）等人对7名奥运级别的韩国雪车运动员进行推车启动时的下肢肌电情况进行研究，发现在推车启动阶段时精英运动员（2人，2015—2016赛季世界双人雪车排名世界第一）的股二头肌激活程度明显高于普通运动员（5人，世界排名前30名内）。左侧（R^2 = 0.081；$P<0.01$）和右侧股二头肌（R^2 = 0.078；$P<0.01$）的活性是预测启动时间的有效指标，分别能解释启动时间方差的8.1%和7.8%。这表明，雪车运动员应注重下肢股二头肌的力量和稳定性训练，能有效改善雪车运动员启动表现和预防运动损伤[87]。雪车运动员的30m推车启动时间和30m直立冲刺时间具有高相关（$R^2=0.88$），同样地，纵跳能力和雪车推车启动时间之间也存在正相关[88]。雪车运动员的60m直立冲刺时间与完整滑行成绩之间具有很强的线性关系[89]。

由此可见，冬奥冰道滑降项目要求运动员具备绝对速度、力量和爆发力等基本运动能力，在训练内容上雪橇偏重于上肢力量的发展，雪车和钢架雪车相对偏向于下肢力量的发展。

（二）滑降项目技术特征

冬奥冰道滑降项目在竞技过程中无身体接触，具有间接对抗的特点，成绩评定相对客观，在赛道中完成规则限定轮次滑行，总用时短者获胜。无论雪车、钢架雪车还是雪橇，其启动形式虽有不同，但目的都是在进入坡面之前获得尽可能快的初速度。比赛中，初速度越快，进入滑行阶段的"速度储备"就越大，易使"车橇"尽早达到最大速度，利于更短时间完成比赛。

冬奥冰道滑降项目的完整技术由推"车橇"启动、加速、蹬上"车橇"、赛道滑行、刹车减速 5 个环节组成。雪车、钢架雪车以推"车橇"助跑启动，雪橇的启动是坐在橇上始发，依靠起点的把手，手臂、后背和腰部协同发力，将自身和雪橇推出，随即依靠佩戴有钉刺手套的双手扒划冰面。

1. 启动技术

雪橇主要依靠上肢启动，但髋关节是雪橇启动阶段的驱动点。雪橇的启动包括"推拉"和"（扒地）划动"2 个部分，启动技术要求在推拉蓄力阶段雪橇以最大速度推出，然后经过双手扒地继续加速，"推拉"阶段是最初动能的来源。"推拉"过程中的不同阶段（如图 3-5 所示）：1）起始位置；2）将身体推向前；3）压缩身体；4）推前 1（从压缩到抬起身体）；5）推前 2（矢状面内髋关节超过把手）；6）推离把手。韦罗妮卡（Veronika）对优秀雪橇女运动员的研究发现，髋是雪橇启动阶段的驱动力；髋向后移动的速度相较于橇向后移动的水平速度及肩膀的垂直移动要更快；当肩膀达到最大垂直位置时，将髋部向前送，利于增加雪橇前进的动力。[90]"推拉"阶段的最大速度有 76% 的程度可预测第 4 次划动手指离地时的雪橇速度，而剩余的 24% 是由扒地阶段来决定的。虽然"推拉"阶段的最大速度并不能代表推离把手时雪橇最大速度，但这足以证明"推拉"阶段对启动表现的影响。在扒地过程中的加速途径主要有 2 种：1）触地阶段；2）腾空阶段。教练员认为，运动员在扒地的触地阶段肘和腕关节应保持刚性，处于"锁死"的状态。

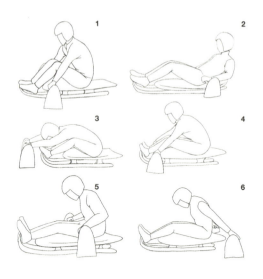

图 3-5 雪橇运动员正在进行完整的"推拉"动作

钢架雪车运动员最初的准备姿势和田径运动员在起跑器上的预备姿势之间有相似之处（如表 3-1 所示）。研究结果还强调，单脚和双脚蹬上钢架雪车在快速启动阶段同样有效[91]。俯身推"车橇"助跑的躯干角度与短跑加速阶段躯干角度十分接近，钢架雪车运动员启动时躯干与水平面的夹角更小，但与大腿的夹角更大，因此，要求运动员需更加积极蹬地才能获得足够的推动力[92]。布洛克（Bullock）等人在经过校准的空间中对 2005—2006 赛季 3 场世界杯比赛中排名前 20 位的女选手进行了录像，双手推车启动运动员在普莱西德湖、锡古尔达、圣莫里茨赛道的占比分别为 60%、40%、50%。每条赛道前 6 名都至少有 4 人使用单手推车启动。相反地，每条赛道的倒数 6 名（15~20），至少有 5 人使用双手推车启动。双手推车相较单手推车更加稳定，但双手推车会导致脊柱侧屈和旋转，这会损失部分向前的动力，因此，单手推车适合经验丰富的运动员，而双手推车更适合新手运动员[93]。科利尔（Colyer）对 10 名钢架雪车运动员（5 名精英运动员，5 名天赋运动员）在 3 条赛道（长、适宜、短距离）各进行 2 次推车测试，就改变蹬车距离对钢架雪车启动表现的影响进行研究。研究结果是当运动员的蹬车前速度从 8.15m/s² 增加至 8.53m/s²（5%），蹬车距离从 25.6m 增加至 28.6m（12%），速度下降幅度增加了 14%，蹬车效率百分比下降了 29%。这表明更长的蹬车距离会产生更大的蹬车速度（r = 0.94），但蹬车的效率更低（r = –0.75，平均减少 29%）较短的蹬车距离通常是不利的，加长蹬车距离可进一步提高部分有天赋的运动员（刚通过选材，但没有比赛经验的运动员）的表现[94]。在尝试通过更改蹬车距离来增强启动表现时，需要考虑蹬车速度和蹬车效率之间的权衡。重要的是，最大化蹬车速度并不是每个钢架雪车运动员最有效的推车启动策略，这主要取决于每位运动员的技术掌握程度和身体素质[95]。

表 3-1 钢架雪车运动员推车启动、短跑加速和短跑最大速度之间的运动学变量[96]

变量	推车启动	短跑加速	短跑最大速度
步频	4 次/s	5 次/s	4 次/s
步幅	1.29m	1.14m	1.93m
着地时间	0.12s	0.18s	0.12s
关节角度			
躯干/大腿角度	217°	174°	157°
躯干/水平角度	7°	65°	83°
躯干/垂直角度	83°	25°	7°
大腿角度	100°	98°	100°
膝关节角度	84°	71°	84°
踝关节角度	111°	116°	113°

推车启动技术在雪车项目中也同样重要，雪车的启动与钢架雪车类似，4 人雪车启动时刹车手位于车辆后方，舵手和推车手分列车辆两侧握把后面。舵手和推车手的启动有两种方式，一是手握握把的"爆发式"启动，二是在车辆握把的位置上后退一步，预先获得一定初速度的"冲击式"启动。2 人

雪车启动过程由舵手和刹车手两人完成。4人雪车启动需舵手、推车手和刹车手相互配合，难度更大。无论4人雪车还是2人雪车，运动员之间需协同用力、提高默契程度，速度能力越强者，持续推动雪车加速的距离越长，跳入车内的时间也相对较晚。4人雪车通常采取最具爆发力的运动员先蹬车，跑得最快的运动员后蹬车的顺序，因为这会产生更好的推车效率和更高的推车速度[97]。

图3-6 舵手（上）和刹车手（下）的推车启动连续图

在推车启动过程中，舵手触碰到把手瞬间肩关节角度几乎呈180°，肘关节接近完全伸直。在推进过程中，舵手仍呈半蹲姿势，躯干角度约为40°。舵手位于雪车的左侧，普遍采用半蹲、脚前后开立、身体略微前倾、屈肘的预备姿势。紧接着，一脚迅速迈向前，双手抓住把手。与舵手相比，在刹车手的躯干角上观察到的变化更加明显，尤其是在推车启动瞬间。刹车手采用半蹲、双脚平行站立（抵住抵脚板）、身体微微前倾、屈肘的预备姿势。紧接着，屈髋、降重心，身体倒向雪车，下肢用力蹬伸（如图3-6所示）。造成这种差异的原因可能是，刹车手在起初阶段就要对雪车施加巨大的力量，而舵手是直至接触到把手后才开始对抗阻力的[98]。由此可见，刹车手在打破雪车静止状态所做的贡献率远大于舵手。

2. 滑行技术

滑行技术是指运动员经过爆发式启动后，控制身体和"车橇"，利用重力和惯性作用以最快的速度向终点滑行。滑行中雪车更类似于汽车的驾驶，舵手操控雪车内的"舵"改变雪车前刃的方向，比的是舵手的驾驶技术。钢架雪车和雪橇在滑行时运动员需"贴"在"车橇"上，通过身体的各个部位发力改变"车橇"前进方向，考验的是运动员控制身体的能力。滑行过程中，运动员需要控制"车橇"在光滑的赛道中向前滑行，要选择、调整"车橇"在最佳路线上入弯、出弯。运动员对"车橇"的适应也是很重要的，运动员通过转移身体重心或掌"舵"来操控"车橇"，这就会导致刃与冰面的接触产生不对称性。"车橇"的结构或尺寸的微小变化都会对后续运动和整体框架响应产生重大影响。充分了解"车橇"在赛道关键位置的轨迹，可以帮助运动员提高驾驶能力和感觉。

此外，决定钢架雪车和雪橇如何转弯的方式很多，包括"车橇"类型、运动员身体形态特征、驾驶喜好等。当运动员做出反应和实际"车橇"真正转动之间存在延迟。正常转向通常会选择将身体或者头部偏向一侧，拖曳脚趾可以使"车橇"绕重心旋转，但同时也会牺牲速度，只有在大幅度转向时才会使用。区别于雪车运动员，雪橇和钢架雪车运动员整个身体与外界空气接触，更加放松的运动员会吸收"车橇"的震动并使"车橇"更容易聚集动量，因此，运动员在滑行过程中应该表现得更加放松，而不是处于全身绷紧状态。

钢架雪车和雪橇在赛道中滑行的最高时速可达130~140km/h，4人雪车可达150km/h。冰道滑降项目每一条赛道的特点都有所不同，赛道的倾斜度、长度、弯道数量、弯道类型、弯道半径以及对赛道的熟悉程度等要素都对选手驾控"车橇"有影响，因此如何在弯道中调整"车橇"过弯角度，保持合理的滑行路线是这3个项目的关键技术、施教的重点、受训的难点[99]。

郝磊等人对温哥华、索契和平昌冬奥会钢架雪车运动员分段计时进行统计后发现，滑行阶段成绩对比赛成绩有 0.9~1.3 倍的正向影响。我国运动员耿文强虽在平昌冬奥会取得第 13 名的历史性成绩，但在滑行稳定性（比赛成绩标准差计算得出）方面仅位列第 19 位，若提高比赛技术的稳定性，名次能提升 2~3 位。这也提示我们，勤加练习，熟悉赛道，提高每次滑行表现的稳定性能帮助运动员取得更加理想的成绩[100]。在 2018 年平昌冬奥会上，韩国取得了男子钢架雪车冠军，4 人雪车第 2 名的好成绩，这与韩国队作为东道主在"自家"赛道上勤加练习有关。滑降项目运动员需要经过上千次的滑行"磨炼"才能掌握滑行规律和驾控"车橇"的感觉，但世界顶尖运动员可借助多年丰富的经验和良好的技术在较短时间熟悉 1 条全新的赛道，这是我国奥运参赛者面临的最大挑战。

（三）滑降项目心理特征

冬奥冰道滑降项目速度快，危险程度较高，运动员在训练比赛中须始终保持高度专注，赛后需要及时调整，避免运动性心理疲劳，即运动员在应对内源性和外源性压力时，心理机能恢复不到原有水平[101]。对运动员心理素质的要求主要体现在运动感知、运动情感和运动意志三个方面：完善的空中感知觉和运动觉，快速的反应能力，良好的平衡感，集中注意力和灵敏的动作方向感等；对自身行为和外界的运动行为在空间、时间、速度等方面变化的应变与控制能力强；富有激情，敢于拼搏并保持竞技状态的稳定性。

二、制胜规律

规律是事物之间必然、本质、稳定和反复出现的关系。制胜规律是指在竞赛规则的限定内,教练员、运动员在竞赛中战胜对手、争取优异运动成绩所必须遵循的客观规律。制胜因素作为制胜规律的一部分,主要是指竞争双方战胜对手的要素。认识、理解和把握雪车、钢架雪车和雪橇的制胜规律,有助于选材、训练、竞赛和管理等实践活动的开展。

(一)"有效"体重是根本

冬奥冰道滑降项目在启动阶段的加速是比赛唯一的"蓄力"机会,运动员推"车橇"助跑获得的动量是除了赛道重力势能以外的唯一能量来源,运动员需要在这一阶段推动"车橇"达到尽可能快的速度。在1952年以前,当时的国际雪车联合会未对重量加以限制,德国队凭借"胖子"组合赢得了2枚金牌,随后规则对人与雪车的总重量提出了明确的要求,雪车项目得以规范。有学者对2002—2003赛季和2003—2004赛季部分国际赛事进行统计后发现,雪车运动员比雪橇和钢架雪车运动员要重[102]。另据统计雪橇运动员的身体质量指数(Body Mass Index,BMI)是在2010年温哥华冬奥会所有项目参赛选手中最大的[103]。男性钢架雪车运动员的体型与业余冰球运动员体型相似，男性钢架雪车运动员的体型更多地属于内胚层体型，少部分属于中胚层体型，女性钢架雪车运动员的体型更多地介于内胚层体型和中胚层体型之间，但也存在外胚层体型（如图3-7所示）。

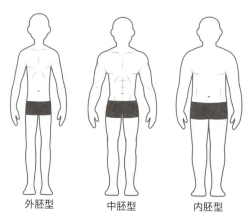

图3-7 外、中、内胚层体型展示

钢架雪车和雪橇运动员若体型偏瘦会对运动表现产生不利影响，因为偏瘦的运动员不能很好地吸收在滑行过程中碰撞产生的振荡。布洛克（Bullock）通过收集大量钢架雪车、雪车运动员的身高、体重和比赛成绩信息（如表3-2所示）发现，即使相同体型的运动员在不同的比赛赛道的比赛结果也是不同的，这说明体型对比赛结果并不具有预测性，但单纯从重力势能的角度考虑，体重大的运动员有更大优势。

表3-2 平昌冬奥会雪车和钢架雪车项目前三名一般情况汇总表（X±S）[104]

项目	性别	年龄/岁	身高/cm	体重/kg	BMI/(kg·m-2)
雪车	男	30.63 ± 2.91	186.94 ± 4.46	102.75 ± 8.61	29.40 ± 2.18
	女	30.67 ± 3.67	173.67 ± 4.03	74.83 ± 4.56	24.89 ± 2.27
钢架雪车	男	26.67 ± 3.79	183.67 ± 5.13	88.67 ± 1.53	26.31 ± 1.14
	女	27.67 ± 4.04	173 ± 5.57	74.33 ± 3.79	24.84 ± 0.83

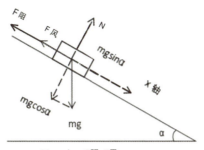

图 3-8 "车橇"滑动模型受力分析图

材料学的发展和高科技的应用推动冰道滑降项目运动成绩不断提高,"车橇"、头盔、运动服装的研发和改良全部根据空气动力学原理和风洞实验的结果。在滑行阶段中,假设滑动摩擦系数、空气阻力系数相等且推车速度相同,通过对"车橇"模型的受力分析(如图 3-8 所示)可知体重较大的运动员在滑行时可以产生更大的加速度,受空气阻力的影响更小,在相同的滑行距离中速度变化率大,所用时间短。体重较轻的运动员想弥补这种劣势需要在"车橇"上增加配重,问题是如在"车橇"前部加配重会增大车刃与冰面的摩擦系数,在"车橇"后部加配重,整车重心后移,转向时会造成"车橇"自转,从而导致转向困难,增加配重也会影响运动员在推车阶段的表现,进而影响比赛成绩。

"有效体重"是指瘦体重或去脂体重(lean body mass),增加"有效体重"即运动员在增加体重的同时力量、速度和爆发力等素质实现同步增长。雪车、钢架雪车和雪橇运动员的合理体重范围可用身体质量指数表示。若考虑到身体脂肪和肌肉骨骼对冬奥冰道滑降项目运动员的影响,以身体体积指数(Body Volume Index,BVI)来衡量运动员的瘦体重,BVI 即身体总体积和腹部体积的比例[105]。如相同 BMI 指数的两名运动员，根据滑降项目的项目特征和竞技能力需求，必定选择力量大、爆发力强、速度快的运动员，力量和速度又受肌纤维数量、类型和横断面积等因素的影响，因此雪车、钢架雪车和雪橇运动员应结合 BMI 和 BVI 指数进行选材、训练安排和饮食控制。黑斯廷斯（Hastings）建立了一个基础计算流体动力学模型，以研究和量化潜在的空气动力学变量，发现钢架雪车项目外形轮廓占整个系统阻力的 9%[106]，就此建议，最好应将研究重点集中在运动员身体形态上。

（二）启动能力是关键

冬奥冰道滑降项目的技术动作中均包含推"车橇"启动和赛道滑行，依据专项特点，雪车和钢架雪车主要是依靠助跑加速，雪橇是依靠上肢肌肉做"拉长—缩短周期"运动（Stretch—Shortening Cycle，SSC）来实现瞬间爆发力。

首次对冬奥冰道滑降项目启动时间和最终比赛成绩关系进行研究的是莫洛克（Morlock）和柴商斯基（Zatsiorsky），他俩选择 1988 年卡尔加里冬奥会的比赛数据，将男子 4 人雪车多个分段计时与完整滑行时间进行了相关分析，最终发现 10m 的分段计时与最终比赛成绩的相关程度最高[107]，就此，提出尽可能快地达到最大启动速度对雪车项目而言是十分关键的观点。1994 年利勒哈默尔冬奥会，两人又得出男子雪橇启动时间与最终比赛成绩存在相关性（R^2=0.55）[108]。扎诺雷利（Zanoletti）等人对 2002—2003 赛季和 2003—2004 赛季在不同赛道举行的钢架雪车比赛的启动时间和最终比赛成绩进行统计发现，两者存在低至中等的相关性（男 r=0.48，女 r=0.63），男女钢架雪车运动员启动阶段表现对总体滑行时间中的贡献率分别达到 23% 和 40%[109]。菲多托娃（Fedotova）研究了男子单人雪橇和钢架雪车在普莱西德湖和惠斯勒赛道比赛时的分段计时，发现运动员在启动阶段每落后 0.01s，都会造成最终比赛成绩 0.03s 的损失[110]。布洛克（Bullock）等人分析启动速度并强调前 15m

的快速加速是在到达 15m 和 45m 处时速度的关键，与前三分之一赛道的分段时间具有很重要的联系，而不是影响完成整个赛道的滑行时间[111]。

从上述的研究中可以发现，滑降项目启动时间和最终比赛成绩存在不同程度的相关性，但都证实了尽可能快地达到启动最大速度是取胜的先决条件。主要是启动赛段设置导致不同赛道的启动时间与最终滑行成绩的相关程度不同。此外，启动赛段的不同也会影响运动员采用启动技术，如平坦的启动赛段，运动员会更偏向于积极蹬伸，延长加速时间；而陡峭的启动赛段，运动员会选择爆发性的加速方式，增加瞬时功率输出，减小步长加快步频，避免偏离合理出发路线。

依据 2017 年世锦赛、2018 年平昌冬奥会、世界杯、欧洲杯（B 级比赛）前 5 名运动员的启动时间与平均启动时间（如表 3-3 所示）相比较可以看出，优秀运动员启动能力普遍高于中等水平运动员，当运动员滑行实力旗鼓相当时，启动时间的快慢决定胜负。

表3-3 冬奥会、世界杯、世锦赛和欧洲杯的前 5 名运动员启动时间和平均启动时间

	第1名	第2名	第3名	第4名	第5名	平均
冬奥会	YUN Sungbin 4.62s	TREGUBOV 4.74s	PARSONS Dom 4.88s	Martins 4.68s	Tomass 4.79s	4.87s
世界杯	JUNGK Axel 4.60s	Martins 4.62s	Tomass 4.71s	TREGUBOV 4.65s	GROTHEER 4.69s	4.75s
世锦赛	Martins 4.60s	JUNGK Axel 4.68s	TREGUBOV 4.65s	TRETIAKOV 4.57s	GASSNER 4.73s	4.80s
欧洲杯	ROSENBERGER 5.20s	KUECHLER 5.24s	RADY Dominic 5.05s	SEMENOV 5.22s	SEIBEL Felix 5.19s	5.35s

资料来源：国际雪车联合会官网

2018 平昌冬奥会，中国 2 支 2 人雪车队获得参赛资格，分获第 26 名和

第29名，无缘决赛，与德国、加拿大等传统强队及近年来突飞猛进的韩国队相比，差距显而易见。中国队在启动速度上存在明显不足，一个重要因素与刹车手和舵手在推车启动阶段自身力量速度水平及默契程度有关，另外一个重要因素是受体重的制约，中国队的雪车被迫增加了30kg的配重，若不加配重，则会影响滑行速度。

（三）滑行技术是核心

滑降项目90%的比赛时间是在滑行，滑行技术的好坏是滑降项目制胜的核心。莫洛克和柴商斯基研究发现，虽然雪橇启动时间与最终比赛成绩存在相关性（$R^2=0.55$），但若只考虑进入决赛的运动员时，两者间的相关性并不明显，这说明进入决赛的运动员在启动方面差异不大，拉开差距的原因主要还是滑行阶段的表现，因此，两人认为快速启动对雪橇运动员虽然至关重要，但对滑行的把控才是影响最终成绩的关键。

以钢架雪车的滑行为例，如果"车橇"入弯时形成一定角度，将导致弯道滑行轨迹变陡。"车橇"的响应延迟，通常其高度会超过拐角"完美"的平坦轨迹。如果运动员不及时做出反应，"车橇"可能会撞到顶点墙壁。通过继续攀升，离心力变得不足以维持垂直位置。随后，重力作用大于离心力作用，"车橇"开始向下运动。一旦"车橇"滑到轮廓中心线以下，则离心力会再次建立，并发生第二次振荡。这种上下摆动的运动是运动员必须学会感受和控制的能力之一。在实践中，振荡的下降会导致"车橇"以一定角度离开弯道，从而导致难以进入下一条弯道甚至撞击墙壁。当运动员开始接近弯道时，他们的目标是在赛道上预设一个位置，以最大限度地使"车橇"平稳地爬上弯道。对于特定的入弯速度，可以选择一个最佳的入弯点和角度，以使"车橇"在与运动员的交互作用最小的情况下通过弯道，实现顺畅出弯和下一个弯道的入弯。

钢架雪车的转向方法包括：1）膝关节主导：用膝盖向"车橇"施加力量。这会使"车橇"框架沿对角线倾斜，从而使刃与冰的接触产生不对称性。左膝用力，则"车橇"向左转动；2）肩关节主导：此动作往往与膝关节转向配合使用，因为运动员的身体必须足够强壮才能只使用膝关节发力，基本上要与另一只肩膀配合。当然也可以仅使用肩关节来完成转向，左肩发力，"车橇"向右转动；3）肩关节和膝关节共同主导：为了使转向更具目的性，来自与膝关节相反的肩关节同时发力可使"车橇"框架出现最大的扭曲，因此，左膝和右肩发力，则"车橇"向左转动；4）重心转移：不一定需要扭转"车橇"框架才能使"车橇"发生转向，身体重心的整体偏移也可使"车橇"完成转向；5）脚尖的勾与拖拽，辅助调整方向。此外，部分难度极大的弯道来不及操控"车橇"至最佳转弯角度时，只能由"车橇"自行转弯，以撞击墙面反弹的方式完成转向。

除自身转向技术掌握与应用好坏以外，比赛的天气状况、赛道的冰面温度和比赛用刃的选择都会对滑行产生影响。在速度滑冰项目中，空气阻力造成的能量损耗约占总摩擦力75%，由于冰面摩擦而造成的能量损耗约占25%，相比之下，雪车受到的冰面摩擦而导致的能量损耗更高，约占40%[112]。影响冰面摩擦的主要参数是冰面温度，滑行速度和刃的材料参数（传热系数，弹性参数等）。研究表明，摩擦系数随着滑行速度的增加而降低，因为会产生更多的热量，从而形成较厚的润滑膜。冰面温度是对冰面摩擦影响最大的参数，对于人造冰而言，-7℃的冰面温度时的冰面摩擦系数最小[113]。根据国际雪车联合会规则，车队只能使用规定的供应商提供的标准刃，并且只能更改曲率和表面光洁度。根据图3-9可知，随着温度的上升，冰融化导致冰面摩擦系数降低，但同时破坏冰的完整性（冰变形），导致冰面摩擦系数增加[114]。影响冰面润滑度和变形度的主要因素是刃的边角设计和高斯曲率值。在实际雪车比赛中，当冰面温度高时，运动员会选择曲率值更小的刃；当冰面温度低时，运动员会选择曲率值更大的刃。通过热成像来追踪刃与冰面的接触情况发现，在较低温度的冰面上，合适曲率的刃与冰面的贴合程度更高，有助于将产生的摩擦热分布在更小的区域，从而迅速形成润滑膜，降低冰面摩擦系数。当冰的温度接近熔点时，刃与冰面的接触面积变小，且由于冰的硬度不足，导致刃会破坏冰的完整性，进而增加冰面摩擦系数。此外，选择合适光洁度的前、后刃对直道和弯道驾驶会产生一定的影响。

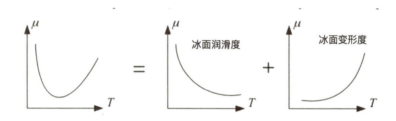

图 3-9 冰面温度与冰面摩擦系数的关系

分析平昌冬奥会钢架雪车冠军尹诚彬、亚军特列古博夫（Tregubov）和中国运动员耿文强的比赛（如图 3-10 所示），在比较 4 次滑行通过第 1、2、3 计时点的速度时发现尹诚彬和特列古博夫每次滑行时通过相同计时点的速度波动不大，而耿文强在第 1 次滑行过程中出现速度明显下降的现象，其原因主要有：没有很好掌握躯干重心的移动而导致撞壁；对比赛赛道不熟悉。尹诚彬和特列古博夫通过第 3 计时点的速度比耿文强要慢，是为了能减少碰壁速度骤降而选择提前降速，这样更利于过弯，这种"舍小取大"的选择是依靠滑行技术实现的。

滑降项目除运动员本体感觉差异和"驾控"能力外，滑行还受到不同赛道的影响，比赛前 3 天，每支参赛队伍每天都有 2 次官方组织的滑行训练，这是运动员熟悉赛道的绝佳机会，加上奥运会前的测试赛及赛前训练，世界优秀运动员基本可以掌握 1 条赛道滑行的重点与难点。根据平昌冬奥会雪车和钢架雪车的数据对比分析可见，世界顶尖运动员具备出色地驾控"车橇"及快速适应新赛道的能力。尽管滑行技术对最终比赛成绩的影响要大于启动表现，但单纯依靠滑行技术也很难弥补过于差劲的启动表现，滑行和启动表现应该相辅相成，运动员需要做的不仅仅是扬长避短，更要查缺补漏，找出竞技能力"短板"，进行针对性地强化。

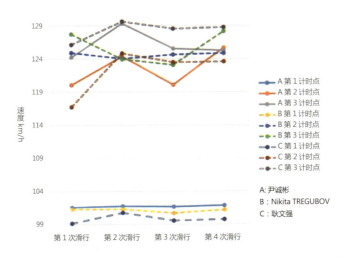

图 3-10 尹诚彬、特列古博夫和耿文强 4 次滑行通过各个计时点的速度折线图[115]

（四）体能是基础

冬奥冰道滑降项目要求运动员在赛道中，高速驾控"车橇"完成直线、入弯、出弯滑行，因此，这不仅要求运动员具有良好的驾驶技术还要注意力高度集中。运动员需在短时内将神经系统和各感觉系统快速高效地动员与工作，与此同时配合细腻的驾驶动作完成比赛，这对运动员的神经系统提出了巨大的考验。比赛时的神经高度紧张以及项目的危险性给运动员带来很大的精神压力，易造成精神疲劳[116]。此外，机体长期处于高度紧张的状态，易引起免疫系统的变化，使机体的抵抗能力下降，影响正常的训练。在运动训练中，运动员的身体状况对科学安排训练负荷至关重要。通过生理和生化指标来判断和评价运动员的疲劳程度能有效促进中国国家队的科学训练并降低运动员受伤概率。血清肌酸激酶（Creatine Kinase，CK）是短时间剧烈运动时能力补充和运动后三磷酸腺苷（Adenosine Triphosphate，ATP）恢复的反应催化酶，与运动时和运动后能量平衡及转移有密切关系。睾酮有助于加速体内合成代谢，皮质醇可加速分解代谢，在运动员的恢复期检测血尿素（Blood Urea，BU）和血清睾酮/皮质醇（T/C）比值变化，可以了解蛋白质和氨基酸代谢的供能和合成情况以及体内合成代谢与分解代谢平衡状态（T/C比值高于30%时是过度训练的警戒线），以此评定运动员身体机能和疲劳程度。

除神经疲劳以外，滑降项目对运动员的运动能力也提出了苛刻的要求。钢架雪车运动员的冲刺和跳跃能力与蹬车的距离和速度均呈正相关，这表明体能水平可能是影响选择蹬车策略的关键因素[117]。教练员会在全年根据夏季轨道推车训练和冬季冰上训练或比赛提供的不同训练刺激，改变力—功率变化范围，增加肌肉收缩速度，使力—功率曲线更偏向于速度型，进而改善运动员的启动表现。这3个项目与其他冬奥项目最明显的区别在于对颈部力量的要求，据相关研究表明，在过弯道时，运动员需要对抗高达5倍体重的重力[118]。雪车运动员需要对抗外界压力，保持头部直立，同时还不能抬太高，以减小外界空气阻力的影响，雪橇和钢架雪车比赛后运动员普遍存在头部疼痛现象，相应地会对运动员的视觉、触觉、平衡觉和反应时等感觉机能产生影响，主要通过测试闪光融合频率、前庭功能稳定性、反应时、膝跳反射阈来评价感觉机能水平。美国运动医学委员马拉利（Mullally）认为"雪橇和钢架雪车所带来的头疼和其他由运动所诱导产生的血管性头痛很相似，是一种头部血管舒缩功能障碍及大脑皮层功能失调，或某些体液物质暂时性改变所引起的临床综合征"[119]。罗伯特（Robert）的研究表明是由于中枢单胺能系统的刺激引起的，从而导致在单胺的传导途径中，单胺传递的增强或减少[120]。在雪橇和钢架雪车运动中，颈椎的持续弯曲，以及滑行时的颠簸，都会对颈椎的神经通路产生影响。随着对项目认识的提高，滑降项目运动员在结束比赛、滑行训练以及颈部力量训练后，中国国家队都有针对性地进行颈部按摩或治疗。

（五）学科的交叉融合是突破点

冬季项目的成功与否与运动装备的科技含量存在巨大的关联。撑竿跳中撑竿所用复合材料的发展、克莱普冰刀的发明、"鲨鱼皮"材质泳衣的应用、Nike Vaporfly Next% 跑鞋的诞生，每一项技术创新都大幅刷新该项目尘封多年的世界纪录。每年，运动强国都会打造专属团队研制各种运动产品与设备，加入奥运争金夺银行列，这也说明了单学科的发展已不能满足现如今突飞猛进的社会发展。以空气动力学为例，目前已有大量有关雪车外形设计的研究，美国国家航空航天局（National Aeronautics and Space Administration，NASA）参与了美国国家雪车队的雪车外形和刃的设计与开发，同时美国雪车国家队与美国赛车协会也有密切的合作。雪车强国——德国也有自己独立的公司与学术机构，只为德国优秀运动员量身定制雪车，不对其他任何国家出售。最近，其他国家团队在雪车制造方面表现更为突出，这表明雪车的迭代升级是一个动态的过程，没有一个国家会独占鳌头，永远占据上风。同样地，瑞士也是由签约的公司为其雪车国家队定制雪车，苏黎世联邦理工学院为瑞士队设计并改良了2010年温哥华冬奥会的参赛雪车。英国雪车国家队长期依靠一级方程式车队和英国航空航天公司的支持。

近年来，随着计算能力的显著提高，计算流体动力学已成为分析各种运动领域的空气动力和水动力性能的有效工具。阿维塔尔（Avital）通过实验和数据研究了运动员位置对雪车空气动力性能的影响，并确定了刹车手的最佳身体角度。温克勒（Winkler）通过数值计算的方式建立了一个与雪车运动员的各种生物特征相关的数据库，用来优化雪车运动员的坐姿和位置，再次证实刹车手在车内保持上身下压的姿势是雪车行进过程中的最优化姿势[121]。黑斯廷斯建了一个基本的能量模型，以研究滑行时间对起始速度，与冰的摩擦接触和空气动力阻力的敏感性。结果表明，空气阻力的影响比起始速度和冰面动摩擦的影响要小，冰面动摩擦系数的影响最大[122]。

此外，其他运动项目的鞋子已经有大量的研究，如适用马拉松的跑鞋旨在尽量使鞋的外底和内底舒适，以吸收长距离跑步过程中地面的震动，而短距离的钉鞋（例如100m、200m和400m）的设计旨在通过使用功能性鞋底来最大限度地利用地面反作用力和有效的能量反馈，但有关冬奥滑降项目比赛用鞋的研究却寥寥无几。通常，功能性鞋底由具有高弹性的坚硬功能性材料制成，而鞋底使用的材料（坚硬度和弹性）还与前脚掌的撞击方式相关联，着地方式的差异会改变踝关节和膝关节的运动模式以及肌肉工作效率。帕克（Park）等人对不同类型的雪车鞋进行测验发现（如图 3-11 所示），运动员穿着鞋头仰角为 40°的雪车鞋推车启动时，奔跑过程中鞋子前脚弯曲角度最自然与舒适，为雪车运动员的推动力提供良好的弯矩（弯曲所需要的力矩），有助于缩短启动时间[123]。从解剖学角度分析，前脚弯曲发生在跖趾关节，参与肌群包括腓肠肌。先前对跑鞋的外底和中底硬度进行调查的研究报告表明，前脚掌硬度高的鞋底可以提高跑步、行走、跳跃或慢跑时的腓肠肌和比目鱼肌的效率，即使在肌肉激活程度较低的情况下也可以增加跑步的推进力[124]。随着奔跑速度的增加，前脚弯曲角度也相应增加，但是前脚掌过度弯曲会导致足底筋膜炎并产生疲劳。同时，前脚掌的弯曲受限会降低地面反作用力效率，并导致有限的运动范围，从而阻碍运动表现。鞋头仰角可以通过更改外底和中底的厚度与硬度、鞋面的皮革材质来实现。有研究表明，能提升雪车启动表现的雪车鞋需具备以下 2 点要求：重量轻但能在蹬冰时产生很大的推动力；坚硬但具弹性的鞋底，贴合启动瞬间动作模式，产生巨大的地面反作用力[125]。

图 3-11 不同鞋头仰角的雪车鞋

通过空气动力学、计算流体动力学和人工智能等多学科的融合贯通，许多先前无法解决的问题甚至是没有察觉的问题都能得到不同程度的解决，这无疑为运动员的运动表现提供了最有力的帮助。

第四章

提高优化运动表现

一、周期计划

（一）运动训练分期理论的形成与演化

20世纪60年代和80年代，苏联运动训练学专家马特维也夫（Matveyev）和维尔霍山斯基（Verhoshansky）相继提出训练分期理论和"板块"训练分期理论，标志着运动训练正向科学化、理论化和系统化的方向迈进。训练分期，也称为训练周期，是指若干个促使运动员达到最佳竞技状态为目标的，具有特定训练内容和负荷的训练时间序列[126]。训练分期理论的基础是指运动员竞技能力（状态）的形成需经过"获得"、"保持"和"消退"3个阶段，但不少学者认为该理论缺乏足够的生物学基础。以维尔霍山斯基为代表的训练学专家提出了"板块"训练分期理论（如表4-1所示），其创新点在于不提高甚至降低整体训练负荷的前提下，利用"刺激—疲劳—适应"的能力提高机制（如图4-1所示），并充分考虑不同能力之间内在机理关联，建立以提高整体专项能力为目标的集中专门训练负荷模式[127]。"板块"训练分期将训练周期细化为更小的板块（4~6周），考虑所需发展的能力之间的积极和消极影响因素设计具体内容，如最大力量是爆发力的基础，两者可以划分在同一个板块,有氧耐力和无氧耐力又相互抵触,两者必须分开训练。近期有专家认为分期理论固化于周期框架,将注意力过多集中于时间跨度上的训练安排,而忽略了同一空间维度的其他核心要素(营养、康复、心理),提出"整合训练分期"模型[128],该理论认为训练,应结合运动营养、运动康复、运动心理、训练监控、队伍管理等要素,共同调控运动训练过程。

表 4-1 板块分期训练不同小周期的目的、负荷水平及负荷设计[129]

类型	目的	负荷水平	特征	持续时间(天)
适应	对适宜负荷的初始适应	中	逐步增加训练负荷	5~7
负荷	发展素质	次最大—高	使用大负荷和次最大负荷	5~9
冲击	运用极限训练刺激发展能力	非常大—极限	极限负荷的使用和总和	4~7
赛前	赛前准备	中	使用专项方式来测试比赛	5~7
比赛	参与比赛	高—非常高	运动游戏和运动专项竞技能力	2~7
恢复	积极恢复	低	运用各种恢复手段	3~7

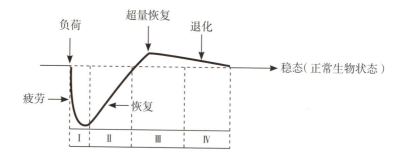

图 4-1 超量恢复模型[130]

（二）冬奥滑降项目的周期计划

受气候、场地条件因素制约，冬奥冰道滑降项目表现出具有明显的年度周期性特点，因此，教练员通常以年度训练作为组织系统运动训练过程的基本单元[131]。年度训练又包括3个周期，即准备期、比赛期和恢复期。雪车、钢架雪车和雪橇的比赛期通常是10月至次年2月，为期5个月，因此，准备期、比赛期和恢复期要贯穿整个赛季和非赛季。每个周期的主要任务、训练内容、训练负荷都不相同，以中国国家雪车队为例（如表4-2所示）。

表4-2 中国国家雪车队2017—2018年度训练周期安排

月份	5	6	7	8	9	10	11	12	1	2	3
时期	准备期						比赛期				恢复期
时间	2017年5月19日至2017年10月27日						2017年10月28日至2018年2月24日				2018年2月25日至2018年3月31日
周数	24						17				5
主要训练任务	全面发展身体素质，重点加强力量与速度能力，提高专项技术水平						参加各类比赛，通过比赛检验训练效果，查缺补漏，积极参赛，力争获得更多积分				消除心理和生理上的疲劳
训练负荷	大负荷量、小强度过渡到大负荷量、中等强度						中等负荷量、大强度过渡到中小负荷量、最大强度				小负荷量、小强度

资料来源：国家雪车队

2017—2018年度训练周期中，准备期时间比较充足，长达5个月。考虑到队员接触项目时间以及专项能力与世界其他参赛国家的差距，教练团队将提高运动员的专项能力定为该时期的首要目标。由于多数运动员还是在校大学生或省队运动员，因此4月作为训练的空档期，通常运动员会回校继续学业及探亲休假。5月集训一开始，运动员身体机能水平还处于"沉睡"的阶段，为了能够使运动员机体状态得到"苏醒"，在一般准备期中安排了较多的有氧练习（单车、慢跑、游泳），使运动员快速、有效地提升有氧能力，为后续中、大强度训练夯实基础，又能以轻松的状态积极投入训练，增强自信心。随后，开始进行身体素质训练，包括上、下肢最大力量和爆发力、躯干稳定性、颈部力量耐力、平跑和拖重物跑等速度练习。专项技术练习穿插在身体素质之间，既能避免运动疲劳，又能检验训练效果，此阶段专项技术练习主要是陆地推车启动练习（如表4-3，表4-4所示）。

比赛期时间长度略短于准备期（如表4-5所示）。在为期4个月的比赛期间，运动员基本是在世界各国积极备战和参赛，比赛地点更换频繁，赛程安排密集，运动员既要参加北美地区的北美杯，又要远赴欧洲参加欧洲杯和世界杯。本阶段的比赛任务是尽可能多地获得赛事积分，训练任务是发展运动员专项技术需要的身体素质、调节参赛压力，使运动员的竞技状态稳固提升，直至冬奥会达到最佳竞技状态。多次成功完赛能有效提升运动员对各个赛道的熟悉和掌握程度，同时运动员也能从中找到最适合自己的滑行策略。

恢复期的主要任务是消除运动员在整个赛季的生理和心理疲劳，保证运动员身体机能的及时恢复，为前期出现伤病的运动员提供充分的康复治疗，

表4-3 雪车、钢架雪车和雪橇的休赛季主要训练内容

训练板块	训练内容	组数/负荷	间歇（min）
速度训练	短距离冲刺（30m、50m、60m）	5~6组/100%速度	3~5
	负重拖车跑（腰系10m、15m、30m）	5~6组/男20kg；女15kg	
	放松大步跑（50m、60m）	9组/70%~80%最大速度	
	负重推车（20m、50m）	5~6组/男35kg；女25kg	
全身性爆发练习	高翻	4组×5/75%~85%1RM	2~3
	抓举	4组×5/50%~60%1RM	
	挺举	4组×5/60%~70%1RM	

训练板块	训练内容	组数/负荷	间歇（min）
下肢力量	颈后深蹲	4组 ×6/80%~90%1RM	2~3
	箱式深蹲	4组 ×4/100%~120%1RM	3~5
	保加利亚深蹲	3组 ×6 每条腿/40%~50%1RM	2~3
	罗马尼亚硬拉	4组 ×8/75%~85%1RM	2~3
上肢力量	卧推	3组 ×10/75%~85%1RM	2~3
	杠铃推举	4组 ×6/50%~60% 高翻	2~3
	引体向上	4组/力竭（自重）	1~2
	杠铃耸肩	3组 ×6/90%~100% 体重	1~2
躯干力量	背肌耐力	2组 ×45s；男 25kg；女 20kg	3~5
	腹肌组合（6个动作）	4组/每个动作 30s	1
全身性力量大循环(5个动作)	六角杠铃农夫走	男 140kg；女 100kg	分成5或6个小组，确保每个动作都有运动员正在进行中，每个动作都是20m的距离，每个动作8~12min（包括休息时间），教练哨响，小组统一换动作
	肩负杠铃弓步走	男 50kg；女 40kg	
	推雪橇车	男 35kg；女 25kg	
	过顶负重弓步走	男 50kg；女 40kg	
	拉雪橇车倒退/正面走	男 140~150kg；女 100kg	
下肢爆发（跳跃练习，5个动作/组）	垂直纵跳（伸直膝）、收腹跳、空中剪刀脚、下蹲跳（摆臂）、空中"大"字跳	3组/自重	5个动作为一组，每个动作跳5次，合计一组25次，动作之间不休息，组间休息 2~3min
颈部力量	头部系弹带负重练习	4组/30s	1~2
	颈部静对抗练习	4组/30s	
	头戴负重帽屈伸练习	4组 ×10/2.5~5kg	

表 4-4 准备期训练计划

月份	十一月				十二月				一月				二月				三月				四月			
周	1	2	3	4	5	6	7	8	9	10	11	12	13	14	15	16	17	18	19	20	21	22	23	24
目的	增强专项体能		积极参赛		维持专项体能		积极参赛		维持专项体能		积极参赛		调节比赛压力		冲击佳绩		查缺补漏		消除生理心理疲劳		消除生理心理疲劳		放假	
训练安排	最大力量（上）下肢爆发、速度		滑行训练		最大力量（上）下肢爆发、速度		滑行训练		最大力量（上）下肢爆发力、速度		滑行训练		最大力量（上）下肢爆发力、速度		滑行训练		熟悉赛道、加强滑行技术		有氧、量耐力		有氧、速度		自行安排	
负荷量	中		小		中		小		中		小		小		小		大		中		中		小	
负荷强度	大		大		大		大		大		大		中		大		小		小		小		小	

资料来源：3 支国家队访谈结果。为方便查看负荷量和负荷强度，故将训练安排的内容单独列出。如七月份的最大力量，速度和推车练习是相互穿插，而不是 17、18 周只练最大力量，19、20 周只练速度和推车

表 4-5 比赛期和恢复期训练计划

月份	五月				六月				七月				八月				九月				十月			
周	1	2	3	4	5	6	7	8	9	10	11	12	13	14	15	16	17	18	19	20	21	22	23	24
训练安排	有氧为主、恢复体能				力量训练				最大力量				力量主导的功率力量				速度主导的功率力量				速度、推车			
负荷量	小				大				大				大				大				大			
负荷强度	小				中				大				中				大				大			

资料来源：3 支国家队访谈结果，雪车和钢架雪车主要加强下肢爆发力练习，雪橇则是加强上肢爆发力练习

确保运动员以健康的状态迎接全新的训练周期（如表 4-3 所示）。我国雪车、钢架雪车和雪橇"起步晚、起点低"，在完成所有比赛后，有时团队不会立马选择回国，而是趁着赛道仍开放的机会，继续提高运动员推车技术，恢复期的时间会往后推半个月左右。

（三）训练安排实例

1. 年度训练计划

力量和速度对雪车、钢架雪车和雪橇运动员的重要性不言而喻。中国雪车运动员在经过赛季期的力量和速度训练后，15~65m 的分段推车计时均得到不同程度的提升[132]；中国钢架雪车运动员在为期 16 周的力量、下肢爆发力和冲刺跑训练后，15m 推车启动用时缩短 0.1s；中国雪橇队运动员在经过 15 周、每周 3 次的 80%~100%1RM 的上肢和躯干力量训练后，启动表现提升 3.03%~13.16%。

在休赛季的前期先发展运动员的基础力量水平（肢节力量、全身性力量），主要以卧推、硬拉、深蹲、卧拉为主。休赛季的中期，开始穿插平跑、推训练车等速度、背肌耐力和核心力量训练。休赛季的后期，即比赛季开始前，运动员各项力量能力已获得较大的提高，训练任务重点发生改变，这时强调局部到整体的过渡，减少局部训练，增加全身性训练，如高翻、高抓、火箭推举，改善运动员整体功率输出的流畅性，使积累的训练基础向比赛需要快速转化，为比赛做准备[133]。

2. 训练计划

比赛期，运动员会辗转多国进行比赛，教练需合理设计训练，帮助运动员克服时差带来的疲倦，保持运动员竞技状态。此外，该阶段的训练围绕维持比赛所需的机能系统进行，如无氧代谢能力、快肌收缩能力、快速眼动反应能力等。要充分利用官方提供的赛前滑行训练，提前规划好比赛路线和转向策略，训练结束后根据团队方案意见及时调整（如表4-6，表4-7所示）。如果是为期2天共4轮滑行的比赛，次日运动员继续进行比赛，若是为期2天共2轮滑行的比赛，次日运动员可留在原赛道继续进行滑行训练，继续强化技术。随后，运动员需花费一整天的时间搬运、打包车辆和飞往其他地区参赛。到达目的地后，通过有氧、放松、核心力量和颈部力量来消除疲劳和保持一般体能。当然计划总赶不上变化快，教练员需考虑如天气原因误机、赛程变更、运动员受伤等诸多外界因素，进行灵活调整计划，对变化的应对能力及适宜性是执教水平的"试金石"。

表4-6 比赛期间的月训练计划

时间	星期一	星期二	星期三	星期四	星期五	星期六	星期日
第一周	最大力量、（上）下肢爆发力、核心力量、颈部力量	速度、推车	适应赛道、赛前滑行	正式比赛、总结比赛表现	正式比赛或滑行训练	休息、飞往其他地区参赛	有氧、放松、核心力量、颈部力量
第二周	最大力量、（上）下肢爆发力、核心力量、颈部力量	速度、推车	适应赛道、赛前滑行	正式比赛、总结比赛表现	正式比赛或滑行训练	休息、飞往其他地区参赛	有氧、放松、核心力量、颈部力量
第三周	最大力量、（上）下肢爆发力、核心力量、颈部力量	速度、推车	适应赛道、赛前滑行	正式比赛、总结比赛表现	正式比赛或滑行训练	休息、飞往其他地区参赛	有氧、放松、核心力量、颈部力量
第四周	最大力量、（上）下肢爆发力、核心力量、颈部力量	速度、推车	适应赛道、赛前滑行	正式比赛、总结比赛表现	正式比赛或滑行训练	休息、飞往其他地区参赛	有氧、放松、核心力量、颈部力量

表 4-7 准备期间的周训练计划

星期	上/下午	训练内容	训练重点
周一	上午	短距离冲刺（15m、20m、30m、50m）、负重拖车跑（腰系10m、15m、30m）	速度
	下午	高翻、抓举、负重上箱提膝、罗马尼亚硬拉、深蹲	最大力量、全身性爆发
周二	上午	放松大步跑（50m、60m）	恢复
	下午	卧推、引体向上、杠铃耸肩、杠铃推肩、核心区量	上肢力量、躯干力量
周三	上午	推车训练	专项技术、速度
	下午	休息	恢复
周四	上午	放松步跑（50m、60m）、核心区量	恢复、躯干力量
	下午	高翻、抓举、负重上箱提膝、罗马尼亚硬拉、深蹲	最大力量、全身性爆发
周五	上午	短距离冲刺（15m、20m、30m、50m）、负重拖车跑（腰系10m、15m、30m）	速度
	下午	高翻、抓举、负重上箱提膝、罗马尼亚硬拉、深蹲	最大力量、全身性爆发
周六	上午	推车训练	专项技术、速度
	下午	力量大循环（六角杠铃农夫走、肩负杠铃弓步走、过顶负重弓步走、推雪橇、拉雪橇车倒退/正面走）	力量耐力
周日	上午	休息	恢复
	下午	休息	恢复

表 4-8 准备期间的单元训练计划

时间	训练内容	组数×次数	负荷	间歇时间（min）
上午	针对跑的热身活动（慢跑5分钟、正踢腿、行进间俯身摸脚尖、侧滑步、抱膝+最伟大拉伸、踢臀跑、高抬腿垫步跳、高抬腿跑、直腿伸髋跑、跨步跳、后蹬跑、立定跳远）	—	—	—
	短距离冲刺（15m、30m、50m）	3	—	3
	负重拖车跑（腰系，20m）	6	男20kg，女15kg	3~5
	跳跃练习[垂直纵跳（伸直膝）、收腹跳、空中剪刀脚、下蹲跳（摆臂）、空中"大"字跳]	3×5	—	2~3
	静态拉伸、泡沫轴/筋膜枪放松、水疗	—	—	—
下午	针对力量的热身活动（侧滑步、臀部激活、行进间俯身摸脚尖、小哑铃侧平举、弹力带绕肩、俯卧撑、俯卧两头起、空杆蹲起）	—	—	—
	深蹲	4×6	80%~90%1RM	2~3
	罗马尼亚硬拉	4×8	75%~85%1RM	2~3
	高翻	4×5	75%~85%1RM	2~3
	抓举	4×5	50%~60%高翻1RM	2~3
	负重上箱提膝	4×5/每条腿	男50kg；女40kg	2~3
	静态拉伸、泡沫轴/筋膜枪放松、水疗	—	—	—

资料来源：国家雪车队队员访谈结果

二、启动训练

现有研究表明冬奥冰道滑降项目启动时间和最终比赛成绩虽存在不同程度的相关性，但大家一致认同尽可能快地达到启动最大速度是取胜的先决条件。依据专项特点，雪车和钢架雪车主要是依靠下肢助跑推"车橇"加速，雪橇是依靠上肢肌肉做"拉长—缩短周期"运动（Stretch—Shortening Cycle，SSC）来实现瞬间爆发启动。在进行启动相关训练前，首先有必要了解雪车、钢架雪车和雪橇的启动包含哪些环节。

（一）启动环节

1. 雪车

2人雪车启动过程由舵手和刹车手两人完成。4人雪车启动需舵手、推车手和刹车手相互配合，难度更大。4人雪车启动时刹车手位于车辆后方，舵手和推车手分列车辆两侧握把后面。舵手和推车手的启动有两种方式，一是手握握把的"爆发式"启动，二是在车辆握把的位置上后退一步，预先获得一定初速度的"冲击式"启动，现在的运动员普遍采用后者，因为该启动方式可以借助抵趾板的反作用力。2022年北京冬奥会新增设女子单人雪车项目，这意味着运动员将身兼舵手和刹车手的双重职责，简言之，运动员以舵手的身份（滑行时掌控方向）通过刹车手的启动方式（位于车辆后方）完成推车和刹车。无论是几人雪车，均包括推车、蹬车和完成蹬车3个环节，蹬车的顺序是舵手、左推车手、右推车手和刹车手，当舵手跳入车内做好驾驶准备后，会喊一声"坐"，其余运动员再逐一入座（如图4-2所示）。

图4-2 4人雪车的推车启动过程

2. 钢架雪车

钢架雪车项目的启动可以分成4个阶段（如图4-3所示）：

阶段A是初始加速，或称为驱动阶段，通常是指运动员在借助抵趾板出发的前2步。

阶段B是继续加速阶段，直至达到最大加速度之前。该阶段的加速度像脉冲一样，上下波动，往往加速度下降的时候都是运动员脚触地的时候（footfall event）。运动员的腿部和身体运动共同推动"车橇"向前运动，使其加速度轨迹达到峰值，但是，触地时间与"车橇"峰值加速度之间没有直接匹配，因为运动员身体的运动不会立刻将向前的加速度传递到"车橇"上。在较高速度下，运动员的冲刺并不那么平衡，触地和加速度峰值之间的相关性也消失了，导致在阶段 B 的末期出现加速度为负的情况。当加速度出现负值时，表明推"车橇"速度已达到峰值，这意味着运动员应该蹬上"车橇"。事实上，大多数运动员蹬上"车橇"的时机只能依靠自己的经验来决定，绝对准确的时机很难把握。

阶段 C 是蹬上"车橇"，正确的蹬"车橇"应该是速度继续得到提升，如图 4-3 中的速度从 8.49m/s 增加到 9.17m/s。蹬"车橇"主要包含以下 3 个步骤：

（1）蹬"车橇"的开始取决于运动员的准备蹬"车橇"时的脚步，还有就是从单手推"车橇"变成双手推"车橇"。

（2）蹬上"车橇"后，运动员向前的动能转移到了"车橇"上，良好的蹬"车橇"应该在运动员蹬上"车橇"出现速度增加的情况，动量转移和速度增加取决于运动员的身体质量。

（3）运动员还有垂直动量，蹬"车橇"瞬间会增加冰面与"车橇"之间的垂直作用力，增加刃与冰面的摩擦

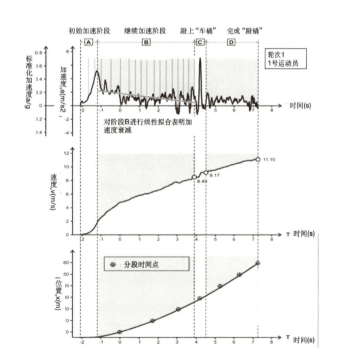

图 4-3 钢架雪车启动及滑行过程中加速度、速度、位置与时间的关系图[134]

作用，并导致短暂的减速。

阶段 D 就是运动员完成蹬"车橇"，这时加速度由重力、风阻和刃与冰面的摩擦力决定。滑行阶段加速度的波动是由冰面的不规则引起的，但是加速度运动轨迹还取决于"车橇"和运动员之间的缓冲，而缓冲又取决于运动员在"车橇"上的放松程度。

此外，科利尔（Colyer）对钢架雪车运动员的加速距离和蹬"车橇"效率是否存在正相关进行研究[135]。其将蹬"车橇"前（pre-load）时间点（启动至蹬"车橇"的时间）定义为运动员开始蹬"车橇"后速度出现下降的时间点。蹬"车橇"后（post-load）时间点定义为"车橇"加速度开始恒定时的时间点。蹬"车橇"效率等于通过蹬"车橇"后与蹬"车橇"前时间点线性方程计算出的蹬"车橇"速度与实际蹬"车橇"速度的比值（如图 4-4 所示）。"钢架雪车加速指数"可用以评价运动员推"车橇"助跑对钢架雪车的加速效果，计算公式为：钢架雪车加速指数 = 推车橇 55m 处的瞬时速度 / 推车橇 15~55m 所用时间。

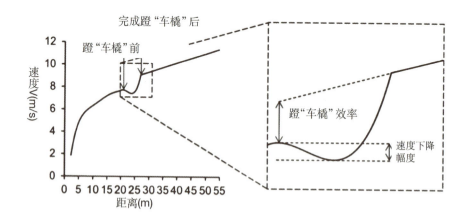

图 4-4 钢架雪车推橇距离——速度之间的关系 [136]

3. 雪橇

雪橇的启动包括推拉和（扒地）划动 2 个部分，启动技术要求在推拉蓄力阶段雪橇以最大速度的速度推出，然后经过双手扒地继续加速，推拉阶段是最初动能的来源。推拉（如图 4-5 所示）又包括以下环节：1）起始位置；2）将身体推向前；3）屈曲身体；4）推前 1（从屈曲到伸展背部）；5）推前 2（矢状面内髋关节超过把手）；6）推离把手。

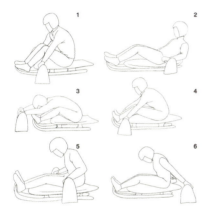 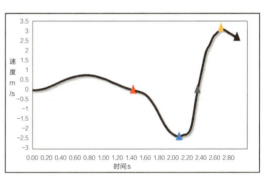

图 4-5 雪橇启动的推拉阶段　　　　图 4-6 雪橇"推拉"阶段的速度变化[137]

"推拉"阶段的速度的主要变动（如图 4-6 所示）如下：

V_{LOAD}（图 4-5-2，图 4-6 红色）：记此时的速度为 0m/s

$V_{COMP-MAX}$（介于图 4-5-2 和 4-5-3 之间，图 4-6 蓝色）：在身体屈曲过程中的最大速度

$V_{COMP-ZERO}$（图 4-2-3，图 4-6 灰色）：在身体压缩过程中速度为 0m/s 时

V_{MAX}（介于图 4-2-4 和 4-2-5 之间，图 4-6 黄色）：雪橇的最大速度

V_{END}（图 4-2-6，图 4-6 黑色）：推离把手时雪橇速度

菲多托娃（Fedotova）对雪橇启动的"推拉"阶段进行研究发现，最大速度发生在拉回时的屈曲身体阶段（即身体处于离心拉长阶段），此时的髋关节并没有超过起点把手，随后推离把手后雪橇速度处于下降状态。其将该现象归结于屈腕肌群力量不足或启动技术的缺陷[138]。髋关节与肩关节垂直速度的下降与雪橇达到峰值速度后的速度下降有关。髋关节水平速度的损失会导致雪橇速度下降得更快、更急促。从启动表现的角度来看，如果运动员在推离把手时没有继续保持在"推拉"过程中产生的最大速度，这可认为是启动效率不足。无论是男运动员还是女运动员，V_{MAX}（最大速度）到V_{END}（末速度）均呈下降趋势。与男性相比，女性运动员在速度发展方面表现出不同的策略，且V_{MAX}受压缩距离（V_{LOAD}时雪橇的位置减去$V_{COMP-ZERO}$时的雪橇位置）的影响很大，而且似乎也与体重有关。较重的女运动员能够达到更高的最大速度，但无法在推离把手时继续保持该速度。当女运动员增加体重时，往往下肢增加的比例要大于上肢增加的比例[139]，但雪橇运动员更多依靠的是上肢力量，因此，这可以解释为什么体重较重的运动员无法在推离把手时继续保持较高的雪橇速度。相反，较轻的运动员从V_{MAX}到V_{END}的减速程度较小。

扒地阶段表现的好坏取决，在扒地过程（触地和离地）中，雪橇的动量是否得到提升，理想的状态是将地面反作用力沿前进方向传递给雪橇，从而推动雪橇加速。在扒地过程中的加速时刻主要有2种：触地阶段，腾空阶段。教练员认为，运动员在扒地的触地阶段肘和腕关节应保持刚性，处于"锁死"的状态。迪米特尔（Dimitre）利用自己研发的智能纺织手套用于监测雪橇启动时的划臂状况，并测量左臂和右臂划动时的时间间隔。最终发现，当运动员手掌与冰面完全接触时有利于划臂动作，当运动员只是手指划过冰面时，则不利于划臂动作。

（二）启动训练

1. 雪车

提高雪车启动能力的最常见专项训练手段就是推训练车（如图4-7所示），因为雪车造价昂贵，运动员更偏向使用无外壳的训练车，但包含主体车架且可以增加配重，最主要的是能确保运动员完成蹬"车橇"动作。

图4-7 雪车运动员正在进行推车启动练习

受全球新型冠状病毒肺炎疫情的影响，大部分国家运动员都实施封闭式训练，受限于训练场地的大小，运动员不能进行陆地轨道或行进间推"车橇"练习，美国雪车国家队借助推雪橇训练器（如图4-8所示）有效地解决了场地太小的困扰。该设备设有8个磁力抗阻等级，可根据不同训练内容任意调换，模拟推、拉重量最高可达到205kg。通过推雪橇训练器，可以增强运动员的有氧能力和无氧能力，满足力量训练、速度训练（冲刺）

图4-8 运动员正在使用推雪橇训练器进行模拟推车练习

和耐力训练。

为避免运动员出现神经适应,导致出现速度障碍问题,教练员也会安排无负重推车、超负荷推车和下坡推车等改变神经与肌肉固定交互方式的推"车橇"练习。因为绝大多数中国运动员体重远不及世界优秀运动员水平,因此,需要增加配重,造成了"小"人推"大"车的现象。教练员通过超负荷推车让运动员更加深刻体会启动初期的蹬伸动作;通过无负荷推"车橇"让运动员在高速奔跑状态下更加清晰地感知和有效地控制自己的技术动作;通过下坡推"车橇"的形式重建运动员推"车橇"时的时空特征,有效避免中枢神经系统的动力定型和能量代谢的模式化,打破速度障碍。

2. 钢架雪车

与雪车相同,提高钢架雪车启动能力的最常见专项训练手段就是陆地推"车橇"练习(如图4-9所示)。运动员可以选择单轨道和双轨道,单手推"车橇"和双手推"车橇"。双轨道和双手推"车橇"是为了给新手运动员提供更加稳定的帮助,随着技术的逐步掌握,可以过渡到双手单轨道推"车橇",最后再转变到单轨道单手推"车橇"。钢架雪车并不是加速距离越长,速度越快越好,而是要考虑蹬"车橇"效率。在运动员蹬车橇前的最后一步中,"车橇"通常位于运动员的前方(稍向侧面),并受到重力的作用而加速。运动员必须在赛道上迅速产生足够的力,在蹬

图4-9 钢架雪车运动员正在进行陆地推"车橇"练习

"车橇"过程中最小程度减少力的损失,以提高自身质心相对速度。如果无法实现,运动员不得不将"车橇"向后拉,才能完成蹬"车橇",这也就降低了"车橇"的速度和自身蹬"车橇"的效率。运动员跳上钢架雪车时机是钢架雪车滑行能量最大化和减少钢架雪车滑行速度损耗的关键。因此,运动员在平时练习里就要摸索适合自己的最佳蹬"车橇"时机。

3. 雪橇

受气候的影响,在休赛季期间,教练会尽可能地想办法模拟运动员真实的比赛情景,进而为运动员提供专项训练,常见的训练场地和设备包括溜冰场的便携式启动训练装置、启动仿真训练装置、冰屋的启动坡道、旱地的启动赛道。每种训练方式各有优缺点,比如在溜冰场上借助便携式启动装置(如图4-10所示)来练习扒地技术,方便量化训练量,教练员也可以任意规定扒地次数,但缺乏真实比赛情景中的坡度。相反,冰屋的启动坡道虽能弥补坡度问题,却无法任意规定扒地练习次数。教练员首选的场地是溜冰场,因为不同赛道对运动员启动时的扒地次数有不同的要求,教练员更希望针对不同赛道设置不同扒地练习次数。通常,依据比赛赛道启动赛段的坡度和长度,运动员会选择2~7次扒地。

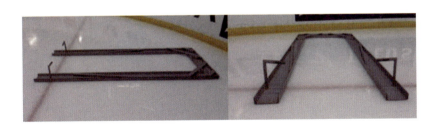

图 4-10　便携式启动训练装置[140]

固化的训练模式会导致运动员在启动表现出现瓶颈现象,因此,除在溜冰场练习启动外,科研人员还特意研发了一套雪橇启动仿真训练装置(如图4-11所示),采用传统的带式输送机系统,由两个同步的伺服电机组成。该训

图 4-11 雪橇启动仿真训练装置[141]

练模拟器可为运动员和教练提供有关扭矩产生以及手腕左右两侧是否对称的即时反馈（如图 4-12 所示）。不对称的扒地属于技术缺陷，可能会导致雪橇的侧向运动，从而可能导致撞到墙壁。此外，模拟装置还可以模拟不同的坡度，让运动员达到类似于比赛条件的启动速度，以及可以增加阻力，对运动员的启动进行专项力量训练。在启动训练中，运动员不仅要将关注点集中在上肢爆发力上，在完成划动后还要注重下肢力量的传导。根据教练员经验，运动员的下肢在启动过程中也起到不可或缺的作用，如果在划动结束后运动员没有将脚部的压力作用于雪橇前部，则上半身产生的推进力不会高效地、集中地传递到雪橇前进方向上。

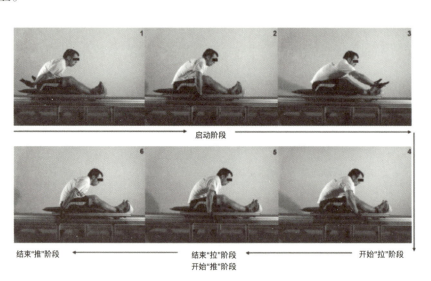

图 4-12 运动员正在进行雪橇启动模拟训练[142]

三、滑行训练

（一）滑行训练内容

冬奥冰道滑降项目成绩主要包含 2 个分段时间，启动和滑行时间，其中滑行时间又占 90% 之多，可见其对整体比赛成绩的影响。此外，滑行过程中"车橇"的速度高达 130km/h 以上，想要让初学者直接上赛道进行滑行是不切实际的。因此，滑行训练遵从循序渐进、化繁为简的原则，训练内容包含以下几点：

- **查道**

教练员会带领运动员沿着路线完整地走一遍，从基本的赛道几何学特征、重点弯道、难点弯道到每个弯道的最佳的入弯、切弯和出弯参照物都会进行细致讲解。所有的讲解均依据教练员自身运动员生涯的滑行积累与执教经验。

- **新手运动员训练**

每一条赛道对新手运动员而言都是全新的赛道，教练员采用由易到难的方法，让运动员先从旅客观光起点开始滑行，到青少年雪橇比赛的起点，再到女子雪橇比赛的起点，接着逐渐递增试滑高度直至正常比赛起点。同样地，运动员起初是直接位于车橇上仅依靠重力势能下滑，然后开始助推几步，最后到正常全力推车橇启动。德国的阿尔滕贝格赛道因赛道狭隘，舵手稍不留神便会碰壁，极其考验运动员的反应能力，因此，成为巩固舵手转向和反应能力的首选练习赛道。

- **制定路线**

在了解完赛道的基本特征后，教练员会依据运动员的身体素质（速度主导还是力量主导）、身体形态特征（内胚型、中胚型和外胚型）、驾驶时长（新手还是精英运动员）以及天气情况（降雨、降雪、晴天）制定相应的滑行路线和转向策略。制定路线通常还会结合不同"车橇"特征和比赛用刃的选配而变动，教练员也会根据上一轮的滑行路线执行情况进行有针对性的调整。

- **克服难点弯道**

教练员首先集中讲解个别难点弯道，传授相对应的转向技巧，诸如观察赛道中的参照物，倾听刃和冰面摩擦声音的大小，感受"车橇"滑行中车身起伏时的压力变化。通过头部偏动带来的气流变动、肩部和膝部施压导致的刃与冰面相互作用、脚的跖屈与背屈、重心的整体偏移4种方法改变"车橇"的滑行方向，雪车则是运动员通过对舵绳力度的把控来改变雪车行驶方向。

- **模拟滑行训练**

表象训练是运动员常用的模拟训练手段之一，表象训练是指学习和掌握有效进行运动表象的方法、步骤，提高运动表象的准确性、清晰性、完整性和可控性水平的过程。主要作用有加快运动技能的掌握和消除紧张心理状态。通过想象，在脑海中模拟完整的赛道滑行，形成清晰的视觉和动觉表象，通常在运动员赛前和晚上睡前进行表象训练。此外，运动员也可以借助第一视角的赛道滑行视频和雪车驾驶系统进行视觉、听觉和触觉上的共同练习，达到更加理想的训练效果。目前，虚拟现实技术（Virtual Reality，VR）也在冬奥滑降项目中得到应用，运动员穿戴 VR 设备（如图 4-13 所示），并趴在钢架雪车上，更便捷、直观地感受赛道并在雪橇上进行身体模拟方向控制，加快对赛道的熟悉，加深对重、难点弯的肌肉记忆。

图 4-13 钢架雪车运动员借助 VR 设备进行模拟滑行练习

● **强化重点**（完整滑行）

运动员在初步熟悉赛道特征和掌握难点弯道后，开始进入巩固阶段。每完成一次滑行，教练员都会通过拍摄的录像对运动员的具体失误点进行分析，逐一破解，反复练习，直至完成合理路线滑行的要求（如图 4-14 所示）。通常合理的滑行路线是尽可能地沿着赛道的中心线，因为这样的滑行路线最短。

此外，国外还存在一种公路雪橇的运动，与冬奥比赛项目雪橇类似，通过重心的转移和脚控制速度及方向，沿着公路完成滑降，适合雪橇新手运动

图 4-14 钢架雪车运动员正沿着赛道的中心线滑行

员练习。一方面磨炼心智毅力，另一方面熟练掌握重心转移等改变滑行路线技巧。

（二）影响滑行的重要因素

尽管本章讲述的是滑行训练，但有关"车橇"框架设置和刃的调配对滑行过程的影响是不容忽视的，而且直接影响教练员滑行路线的制定与运动员转向策略的选择。国际巡回赛事包括北美杯、欧洲杯、洲际杯和世界杯。每一个巡回赛道都包括8场比赛。必须对赛道动力学有透彻的了解，且"车橇"需具备强大的响应能力，运动员才能选择轨道最佳滑行路线，才能更加高效地与赛道完成交互和定位。由于每条赛道都有自己的几何学特征，因此，关于如何与赛道进行良好的反馈并无统一的答案。可以通过对"车橇"进行微调，以使其适应不同赛道，但是比赛之间的时间极短，从而无法进行额外的练习或测试。比赛前有6次滑行练习，通常分为3天，每天2次，但也有分为2天，每天3次。有必要确定关键滑行区域，能够有针对性地对依据赛道几何形状和特征调整"车橇"，同时确定运动员首选的驾驶方式，以便产生更快的速度或尽可能高效地保持速度。归根结底，要求运动员必须能驾驭"车橇"，其部分变量的调整可能会使运动员表现得更好，但也有可能会导致运动员在仅有的训练时间内难以适应已更改的配置。

图4-15 钢架雪车2D运动模型（5个旋转弹簧销）

伊尔贝（Irbe）等人为了研究与钢架雪车刃的松紧度相关问题，开发了一个二维的钢架雪车模型（如图4-15所示），在该模型中，通过将刃分为6个元件并用5个旋转弹簧销连接这些元件来分析刃松紧度的变化（弹簧弹性和阻尼参数可以更改）对与滑行表现有关参数的影响。实验和建模结果表明，刃的松紧度变化与加速度之间存在非线性（波浪形状，如图4-16所示）关系[143]，取决于材料弹性的特征。刃与冰面的滑动摩擦频率取决于刃的松紧度和外形轮廓。

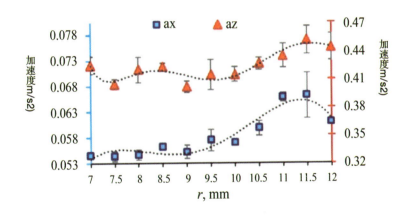

图4-16 不同刃的松紧度对钢架雪车在X轴和Z轴上加速度的影响

除自身滑行技术外，对于比赛结果影响最大的应该与空气动力学方面有关，国际雪车联合会和国际雪橇联合会出于对运动员安全考虑，对钢架雪车和雪橇器材的尺寸和材料都有明确的规定。这就限制了钢架雪车和雪橇外部空气动力学轮廓变化的可能性以及刃材料选择。因此，只能通过对刃的松紧度调节来改变"车橇"驾驶性能。对运动员而言，驾驶配有较松的刃的"车橇"会更舒适，但是，它会减慢滑行速度，而驾驶配有较紧的刃的"车橇"速度更快，但对操控要求更高。雪车比赛用刃的松紧度通常只选择位于刃的

图 4-17 赛前雪车比赛用刃的温度检测

后部的螺丝（如图 4-17 所示）进行调整，而且比赛过程中第一轮和第二轮之间不允许运动员再次更改刃的松紧度。

此外针对钢架雪车的整体框架松紧度，运动员认为宽松"车橇"（后扭转角为 1.77°，前扭转角为 0.59°）的驾驶感受比牢固"车橇"（后扭转角为 1.07°，前扭转角为 0.35°）要好。宽松框架的扭转角度更大，这确实使运动员能够更准确地定位"车橇"，从而使一条弯道到另一条弯道的路线更加流畅。宽松的框架通过弯道时的变形也会更大，这将导致刃与冰面之间产生更大的接触，从而产生更多碎冰渣，增大冰面摩擦力，减缓滑行速度。同理，牢固的"车橇"因为形变量小，运动员需施加更多的作用力才能改变方向，但滑行速度更快。

（三）滑行路线选择实例

1. 德国国王湖赛道（如图 4-18 所示）共有 16 个弯道，其中由 S1 ~ S4 组成的 S 弯、"Bendaway"赛段和"Kreisel"弯是赛道的重、难点，只有完美地完成这几个赛段才能确保取得满意的成绩。

（1）S弯：由4个弯组成的连续弯道，运动员入弯后要主动改变"车橇"在弯道滑行过程中的最高点。如果运动员不控制"车橇"，让其自由通过弯道，那么最高点将位于顶点，甚至在弯道的后半部分。运动员选择恰当的入弯点和合适的转向，可以更早达到轨迹的最高点（不一定是顶点那么高），就是入弯后主动向上靠，而且靠得越高越好，尽量让"车橇"提早到达最高点，在S1~S3弯的时候全部在直道的左半部分入弯，其中，S1在1/3处到达最高点，然后

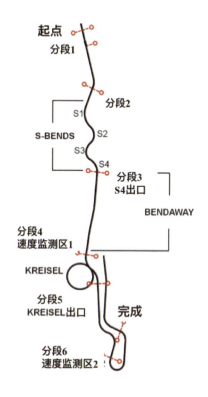

图4-18 国王湖赛道缩略图[144]

顺着弯道的方向主动控制"车橇"向下直至出弯；S2在2/3处到达最高点，同样也是顺着弯道的方向主动控制"车橇"向下直至出弯；S3与S2一样；S4在入弯阶段就要主动控制"车橇"向下行驶，出弯前再稍微向上行驶。由于重力和连续过弯产生的离心作用力，"车橇"的滑行速度越来越快（4个弯道的时间比 $t_{s1}:t_{s2}:t_{s3}:t_{s4}=1.14:1.03:1.01:1$），运动员控制"车橇"在弯道的最高点也越偏向后半段，到S4入弯时，"车橇"若再往上行驶就将撞壁，所以S4要主动向下行驶，出弯时再向上行驶。

轨迹1是典型的车橇不受控情况，轨迹的最高点出现在后半程。轨迹2是合理控制车橇的滑行路线（如图4-19所示），在入弯的1/3处达到最高点，从而创造一个更长的、更平滑的出弯路线，不仅能确保速度损失最小化，还能确保冰面破坏程度最小化，进而保障"车橇"的高速滑行。

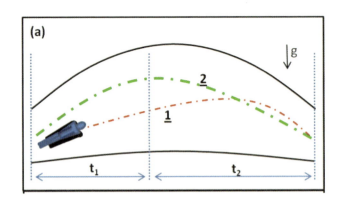

图4-19 S1弯的2种滑行路径

（2）"Bendaway"赛段：从S4出口一直到K1段（Kreisle入口的短弯）几乎是笔直的，没有倾斜的弯道，因此就不存在离心力，刃对冰面的损害程度也较小。仔细看缩略图（如图4-18所示）可以发现在接近中间的部位有个折点，尽管钢架雪车或雪橇运动员可以通过在脚趾轻触冰面并转移重心来迫使雪橇通过该点，但大多数精英运动员都认为这是一种无效的控制方法，极有可能打滑，使"车橇"沿赛道横向滑动，导致滑行速度明显下降。取而代之的是，运动员需找到合适碰壁点，充分利用"车橇"在通过"S"弯时累积的速度和碰撞后的回弹力，碰壁的最佳位置是在摄像机前2m处。如果没有准确地找到该碰壁点，会造成后续多次碰壁。

很显然，第2轮滑行由于第一次碰壁的时机不准，导致后续出现

3次额外的碰壁来弥补前期的错误。观察经过滤波处理后的加速度（Y轴）情况，第1轮滑行做到了"穿针引线"，加速度波动情况平稳，是理想的滑行路线（如图4-20所示）。

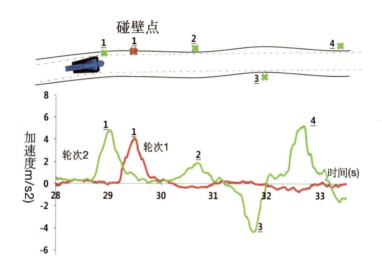

图4-20 "Bendaway"赛段的2轮滑行和加速度变化情况[145]

（3）"Kreisel"弯：是国王湖赛道最具挑战的赛段，它是螺旋形的，旋转360°。随着曲率半径开始增加，弯道在入弯处先是略微上升，随后在出弯处坡度开始向下。"Kreisel"弯对于整体滑行表现至关重要，若该赛段表现不好可能会导致速度损失3km／h（如果在出口处翻车，后果不堪设想），但若在该赛段控制得当的话，还会增加3km／h左右的速度。

2. 普莱西德湖

主要讲解前3个弯道（如图4-21所示），下降阶段的主要作用是使"车橇"能够充分利用启动过程中产生的速度，并在重力的影响下继续加速，因此应尽可能减少转向次数和制动。转向的路线有多种选择，主要取决于冰面情况。在整个赛季中，冰面的厚度都在变化，通常在赛季初只有 2~3cm 厚（运动员必须在训练前检查赛道，以确保没有漏冰，否则极易对刃造成损坏），并且在整个冬季会增厚到 30cm，一般在出入弯处变化最大。在出第一个弯时会出现两种极端现象（如图 4-22 所示），一就是过早离开弯道，导致碰到左壁；二就是在弯道停留时间过长，导致碰到右壁。正确的做法应该是选择在赛道的中心线滑行，干净、平滑地过渡到第二个弯道。

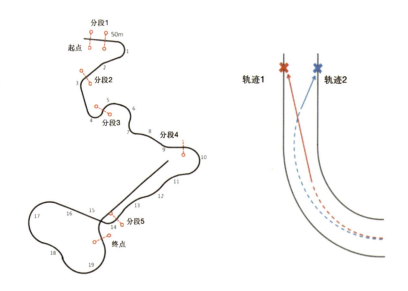

图 4-21　普莱西德湖赛道缩略图 [146]　　图 4-22　弯道 1 的两种错误滑行策略 [147]

弯道 2 是一个半径非常小的弯道，带有略微上升的坡度。新手运动员可能会低估这个弯道的重要性。通过弯道 2 和弯道 3 之间的赛段相对简单，不会对墙壁产生任何冲撞，弯道 3 是半径较小的短弯道。弯道 3 的几何形状通常会导致"车橇"沿着从右到左的轨迹离开随后撞击左壁，这并不一定是坏事。由于弯道 4 也在左边，在弯道 3 出口处碰撞墙壁可以把"车橇"以最理想的形式推入弯道 4。

出弯道 2 到进弯道 3 总共有以下 3 种滑行方案（如图 4-23 所示）：

（1）晚点儿进入弯道3，并在弯道3入弯处完成急转弯，出弯后会狠狠地撞击到左壁；

（2）出弯道2后，紧靠赛道的右侧滑行，在进入弯道3前提早完成转向，出弯后先撞右壁再碰左壁；

（3）出弯道2后以及进入弯道3的前半部分均沿着赛道的正中线滑行，直到弯道3和弯道4中间段再碰左壁。

以上3种滑行方案的执行主要取决于运动员在弯道2的处理情况，看似简单的弯道2，实则会对后续的滑行产生巨大的影响。

总之，不合理的滑行路线、松紧度不适合的器材、错误的转向策略均会导致速度损失，例如惠斯勒赛道的3-4-5弯和5-6-7弯形成连续2个"Ω"形状弯道，极其容易发生翻车。

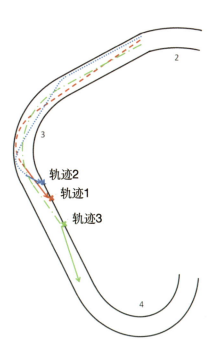

图4-23 通过弯道3的三种滑行方案

四、体能训练

体能是指人体通过先天遗传和后天训练获得的在形态结构方面,在功能和调节方面及其在物质能量的贮存和转移方面所具有的潜在能力以及与外界环境结合所表现出来的综合运动能力,其大小是由机体形态结构、系统器官的机能水平、能量物质贮备及基础代谢水平等条件决定的(如图4-24所示)。运动素质是体能的主要外在表现形式,在运动时表现为力量、速度、耐力、柔韧和灵敏等各种运动能力[148、149]。体能训练是指科学地施加专门的训练刺激,使运动员有机体在形态和运动素质等方面都产生良性训练适应的训练过程[150]。

从生理学的角度,运动员的运动表现取决于其肌肉以ATP的形式产生能量的最大速率、心血管系统运输O_2到肌组织的速度、清除代谢产物的速率以及骨骼肌系统所表现出来的力量和爆发力水平。在运动实践中,运动员的运动表现不是以产生的ATP或耗氧量的多少来衡量的,而是以距离、力量或时间为单位来衡量的。力量是指在一次最大随意收缩(Maximum Voluntary Contraction,MVC)过程中可以达到的峰值力。爆发力是指做机械功的速率,因为爆发力反映施加力量的速度,所以通常对运动表现而言比力量更为重要。

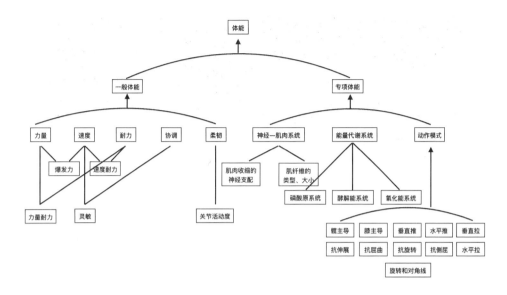

图 4-24 体能的分类及构成要素

雪车、钢架雪车和雪橇要求运动员在启动位移过程中的能量输出功率大，具有较强的力量素质以及快速启动的能力。在推"车橇"启动的前半段，要求自身和"车橇"能迅速摆脱静止状态，因动作的持续时间很短，以至于骨骼肌系统不能发挥其最大力量，此刻的运动表现取决于运动员的爆发力水平。到了启动的后半段，运动员需继续推动"车橇"达到尽可能大的初始速度，此阶段要求运动员具备较强的速度能力。冬奥冰道滑降项目要求运动员具备绝对速度、力量和爆发力等基本运动素质。在体能训练内容上雪橇侧重于上肢力量的提升，雪车和钢架雪车相对偏向于下肢力量的发展，三者共同的训练内容包括颈部力量和核心力量训练。

（一）速度训练

短距离冲刺训练是指以最大或亚极量强度进行的重复间歇训练，短距离冲刺可以提高肌糖原储备[151]、增加糖酵解和氧化酶的最大活性[152]，改善肌

图 4-25 刹车手正在进行推训练车练习

肉的缓冲能力和机体对 H^+ 酸的耐受力[153]。雪车推车启动 0~10m 的分段计时与最终比赛成绩呈高度相关[154]。2 人座雪车重量至少 170kg，4 人座雪车重量至少 210kg，从雪车重量角度来看，要求雪车运动员具备抗阻状态下快速奔跑的能力。雪车运动员推车启动时的各关节角度尽管与短跑运动员起跑时的关节角度不同，但主要目的都是减少身体重心在垂直方向上的波动，尽可能地将作用力集中在水平位移上[155]。理想的推车启动应该使运动员以等于或大于实际雪车速度跃上雪车，最好保证不降低雪车速度，高效地将自身推车启动阶段产生的动量传递给雪车。据科孜洛夫（Dmitry Kozlov）研究表明穿负重背心跑能提高力量的输出功率[156]，因此，我们也可以通过穿负重背心/阻力伞跑、上坡跑和沙地跑来增强肌肉离心负荷的能力，在肌肉中储存更多的弹性能量，从而加大肌肉的爆发力，距离可以选择 30~60m，更贴合比赛的实际推车距离。除这些一般速度练习外，还可以选择结合专项的推车练习，如推（保留雪车主体的）

图 4-26 舵手和刹车手正在一同进行推训练车练习

图 4-27 运动员正在进行推雪橇练习

训练车和陆地推车（如图 4-25，图 4-26 所示）和雪橇（不受场地限制，如图 4-27 所示）。

前人研究分析发现，15m 处的瞬时速度，蹬车时间和 45m 处的瞬时速度与推车启动时间具有高度相关关系（$R^2=0.86$）。布洛克（Bullock）等人对钢架雪车的启动速度进行分析后强调前 15m 的快速加速与前三分之一赛道的分段时间具有很重要的联系[157]。这说明钢架雪车的速度训练应该围绕如何提高运动员 15m 的推车速度进行。齐维（Kivi）发现钢架雪车的推车启动阶段与短跑的起跑阶段在运动学变量上存在许多相似之处[158]（如表 4-9，表 4-10 所示），蒂姆（Tim）认为可将提升短跑的起跑能力的训练手段迁移至钢架雪车项目[159]。

表 4-9 不同肌肉群在钢架雪车推车启动，短跑的加速阶段和最大速度阶段的贡献程度[158]

参与肌肉	钢架雪车推车启动	短跑加速阶段	短跑最大速度阶段
股四头肌	高	高	中
臀肌	高	高	中
腘绳肌	均等	均等	高
腓肠肌/比目鱼肌	均等	均等	均等
髋关节屈肌	均等	均等	高

表 4-10 跑的加速、钢架雪车的推车启动、短跑的最大速度的生物力学变量对比[158]

变量	短跑的加速	钢架雪车的推车启动	短跑的最大速度
躯干位置	向前倾斜 10°	向前倾斜 10°	接近垂直（80°）
步长（cm）	90~100	90~100	120+
步频	次最大	次最大	最大
支撑阶段的膝关节最小角度	90°	93°	135°
髋关节伸展程度	小	小	大
触地时间	长（180ms）	长（180ms）	短（120ms）
制动（前蹬）阶段	短	短	长
推动（后蹬）阶段	长	长	短
摆动阶段	短	短	长

钢架雪车和雪车运动员的一般速度练习基本相同，在结合专项的推车训练上有所区别（如图 4-28 所示）。

图 4-28 钢架雪车运动员正在陆地进行专项推车练习

（二）力量训练

相较于其他冬季运动项目，雪车、钢架雪车和雪橇这 3 个运动项目存在着极大的特殊性，因为当运动员在通过弯道时要应对 5g 的离心作用力，这既需要运动员能抬头看清滑行路线，又要求运动员合理掌控前进方向。因此，对运动员的颈部力量耐力和核心区力量是一项巨大的挑战。在此基础上，运动员还要加强上下肢的力量以求在推车启动时占据更大的优势，启动阶段每落后 0.01s，都会造成最终比赛成绩 0.03s 的损失[160]。加强上下肢、颈部力量和保持躯干稳定性的核心力量是雪车、钢架雪车和雪橇项目的主要力量训练内容。

1. 颈部力量（如图 4-29 所示）

当"车橇"通过带有旋转的弯道时，会发生剪切力，这与战斗机飞行员在倾斜和滚转时所经历的情况类似[161]，艾瑞逊（Alricsson）等人研究发现，指定的颈部强化项目融入平常的身体素质训练时，战斗机飞行员的颈部力量和耐力均得到不同程度的提高[162]。其他运动项目，如橄榄球、摔跤、拳击和柔道也对颈部力量提出了严格的要求，这些项目的颈部力量强化方案可移植

图 4-29 颈部力量训练

到冬奥冰道滑降项目，主要通过加强头夹肌、肩胛提肌、竖脊肌和斜方肌，来提升颈部力量和耐力。

预备姿势：头戴颈部力量训练帽呈站立姿势，双手位于体侧，目视前方。

动作要领：练习过程中，仅颈部参与屈伸运动，其余部位保持稳定。屈颈时，身体重心不能发生前移，伸颈时，不要耸肩，仅目光跟随颈部运动。除矢状面前屈后伸的练习外，也可以进行冠状面的侧屈练习。

结束姿势：还原至预备姿势。

2. 上肢力量

普拉策（Platzer）对奥地利国家雪橇队 13 名男运动员进行不同生理因素影响启动表现的测试发现，卧拉、体后仰、握力这 3 项力量测试是招募运动员的重要测试指标[163]。此外，普拉策还发现成年运动员的力竭俯卧划船（r=−0.82）、力竭引体向上（r=−0.81）和最大卧拉力量（r=−0.76）与启动时间高度相关；青少年运动员的力竭俯卧划船与启动时间高度相关（r=−0.76）。美国雪橇国家队发布的体能测试标准中指出背部的肌肉组织（竖脊肌，背阔肌）和上肢（肱二头肌，肱三头肌，胸大肌，三角肌，斜方肌）是参与雪橇推拉阶段的主要肌群。菲多托娃（Fedotova）对雪橇运动员启动表现进行测试发现，运动员获得的较高水平冲量是通过施加更大的水平作用力获得的而不是通过延长施力时间，水平冲量的大小决定了释放把手时线动量和雪橇水平速度的变化[164]。运动员在启动的"推拉"阶段做来回摆动时，其肌肉是在做"拉长—缩短周期"运动。SSC 运动使肌肉在缩短过程中（向心收缩）募集更多的肌纤维、动员更多的快肌运动单位参与运动，将肌肉预拉长时期所积蓄的弹性势能以更快的形式释放出来。这都表明，上肢最大力量和爆发力是提升雪橇启动表现的主要因素。

跪姿胸前推实心球、上抛实心球、下落俯卧撑这 3 个练习主要用于提高运动员上肢的功率力量,对增强肩关节稳定性、提高胸大肌和肱三头肌的功率力量、提升力量输出率具有积极作用。单手哑铃抓举、站姿颈前推杠铃、快速颈后杠铃上举这3个练习主要是培养运动员借助外界负荷体会肩关节肌群快速发力的感觉。

● **卧推**(如图4-30所示)

预备姿势:平躺在卧推凳/训练椅上,双肩、头部和臀部紧贴卧推凳/训练椅,下背微弯保持脊椎的自然生理曲度即可,不需要紧贴卧推凳/训练椅,双脚着地,握距略宽于肩。

动作要领:有控制地下放杠铃(慢下快起),下放至乳头连线或稍高的位置,触胸时,小臂与地面垂直,卧推过程中上臂与躯干的夹角在45°~60°之间。

结束姿势:还原至预备姿势,双手紧抓杠铃,肘部无须伸直,可保持微屈。

图4-30 卧推

● **卧拉**（如图 4-31 所示）

预备姿势：俯卧在卧推凳/训练椅上，胸部、腹部、股四头肌上半段紧贴卧推凳/训练椅，双手紧握杠铃，自然伸直手臂，若卧推凳/训练椅高度不足以伸直手臂，则需将杠铃提拉至离开地面即可，握距略宽于肩。

动作要领：背阔肌发力，将杠铃往胸部提拉，肩胛骨内收，保持顶峰收缩 2s，因胸腔受到压力，因此，切勿憋气，保持合理的呼吸节奏。

结束姿势：还原至预备姿势。

图 4-31 卧拉

● **哑铃拉背**（如图 4-32 所示）

预备姿势：双手撑于哑铃上，肩、髋、膝和踝保持一条直线，核心区（指脊柱和骨盆及其周围的肌肉群所构成的区域）收紧。

动作要领：其中一只手将哑铃提拉至胸大肌高度，另一只手保持不动，提拉过程中伴随着脊柱回旋运动。完成后，再换支撑手完成提拉动作。可以完成 1 次提拉后增加 1 次俯卧撑增加练习难度。

结束姿势：还原至预备姿势。

图 4-32 哑铃拉背

● **杠铃划船**（如图 4-33 所示）

预备姿势：双足自然开立，与肩同宽，微屈膝，双手紧抓杠铃，挺直腰背，核心区收紧，并让杠铃靠在股四头肌下半段上。

动作要领：在提拉过程中体会肩胛骨内收动作，避免耸肩动作，提拉至顶点时，保持顶峰收缩 2s。注意腕关节始终处于锁死状态，若前臂力量不足，可采取解剖姿势的正手位抓握杠铃（掌心朝前）。

结束姿势：肩胛骨内收，屈肘，提拉杠铃至髋关节/腹部。

图 4-33 杠铃划船

● **杠铃耸肩**（如图 4-34 所示）

预备姿势：双足自然开立，与肩同宽，双手的握距稍宽于肩，握住杠铃置于体前，双臂自然下垂，挺胸收腹，肩膀尽量下沉。

图 4-34 杠铃耸肩

动作要领：肩膀尽力向上耸起（越高越好），在最高点的时候保持斜方肌发力 2s，然后缓慢下落，回到起始位置，耸肩过程中，双臂始终处于伸直状态。

结束姿势：还原至预备姿势。

- **药球俯卧撑**（如图 4-35 所示）

预备姿势：一只手撑于地面，另一只手撑于药球上，核心区收紧，脚尖着地，双足分开与髋同宽，以维持身体平衡。

动作要领：和普通俯卧撑一样，保持身体挺直，弯曲上臂使身体下降的同时吸气，直至胸部接近地面，然后快速伸直上臂，撑起身体至起始位置。随后，将药球滚向另一只手，重复完成上述动作。

结束姿势：还原至预备姿势。

图 4-35 药球俯卧撑

- **引体向上**（如图 4-36 所示）

预备姿势：掌心向前抓握单杠，抓握时注意：宽握时双手距离超过肩宽；中握时双手距离与肩同宽；窄握时双手距离小于肩宽。伸直双臂，抓紧单杠，身体向后仰 30°，上背挺直，下背略微弯曲，挺胸。

动作要领：向后下方拉动肩膀和上臂，使身体向上移动，直至下巴超过单杠。当后背完全收紧时，保持顶峰收缩 2s，随后缓慢下降还原至起始姿势，手臂和背阔肌处于完全伸直（伸展）状态。

结束姿势：还原至预备姿势。

图 4-36 引体向上　　　　　图 4-37 不同练习重量的力—速度曲线

3. 下肢力量

与雪橇不同，钢架雪车和雪车项目更偏向于下肢力量的发展，整体训练思路是先发展运动员的基础力量水平（局部力量、最大力量），主要以不同形式的硬拉、深蹲为主，背肌耐力和核心力量为辅，待到运动员各项力量能力有较大提高后，训练任务重点发生改变，强调局部训练（如坐姿哑铃推肩）到整体训练（如火箭推）的过渡，减少局部训练，增加全身性训练，如高翻、高抓等高功率输出的练习，改善运动员整体功率输出的流畅性，使积累的训练基础向比赛需要快速转化，为比赛做准备。同一种练习手段可通过不同负荷的形式产生不同训练效益（如图 4-37 所示）。

● **深蹲**（如图 4-38 所示）

预备姿势：肩膀下沉，肩胛骨内收，将杠铃置于隆起的斜方肌顶部，保持在第七颈椎椎体棘突下方，双手握距取决于练习者的肩宽与柔韧性（较窄的握距能够让柔韧性很好的人利用后背肌肉更好地支撑杠铃,而较宽的握距能够让柔韧性较差的人更舒服地扛起杠铃)。

动作要领:为保证大肌群充分参与,应采用全蹲的方式(膝关节高于臀部)完成慢下快起动作。身体重心始终处于足正中心,切勿前倾与后仰,不要出现膝盖内扣现象,容易造成膝关节损伤。

结束姿势:全蹲姿势(膝关节高于臀部),保持挺胸,腰椎维持正常曲度,膝盖朝向与脚尖方向一致,头部保持中立位。

图 4-38 深蹲

● **保加利亚深蹲**(如图 4-39 所示)

预备姿势:站在具有一定高度的跳箱前方,双足与肩同宽,背部挺直,核心区收紧,保持骨盆中立,让髋部正对前方,手握哑铃或者肩负杠铃。

动作要领:预备姿势时,双腿之间的夹角为 30°~45° 时,站距最为合适。前侧腿屈膝下蹲,身体略微前倾,蹲至大腿与地面平行,后侧腿膝盖几乎能接触到地面,起身还原至预备姿势。动作全程都要保持背部挺直,保持膝盖与脚尖方向一致，注意下蹲时膝盖不要超过脚尖，否则对膝关节压力过大。选择跳箱时注意跳箱高度不得超过膝关节高度。

结束姿势：一条腿支撑身体，膝盖微屈，另一条腿向后屈膝，脚背搭在跳箱上，或者是脚尖踩在跳箱上。

图 4-39 保加利亚深蹲

● **负重上箱提膝**（如图 4-40 所示）

预备姿势：手握哑铃或肩负杠铃站立于跳箱前，挺胸收腹，目视前方。

动作要领：先抬起一只脚，当该脚落于跳箱上后，迅速完成蹬伸动作，几乎同时另一只脚抬大腿（提膝）至水平位置，动作完成需流畅，不能停顿。

结束姿势：一只脚支撑于跳箱，另一只脚抬大腿（提膝）至水平位置。

图 4-40 负重上箱提膝

● **负重提踵**（如图 4-41 所示）

预备姿势：双脚与肩同宽站立，挺胸收腹，目视前方，手握哑铃或肩负杠铃。

动作要领：小腿三头肌发力，脚尖始终接触地面，抬起后脚跟，完成动作过程中不要屈膝、屈髋；控制重心不要刻意前移，可在前脚掌下垫一块杠铃片防止重心前移。哑铃提踵可作为热身练习，正式训练时借助史密斯架肩负大重量杠铃进行提踵练习。

结束姿势：脚后跟离地，脚尖不离地，重心保持在身体中立位。

图 4-41 负重提踵

● **硬拉**（如图 4-42 所示）

预备姿势：站距与髋同宽，握距略宽于肩，双臂自然伸直，小腿（胫骨）垂直于地面，肩胛骨略超杠铃，降重心，屈髋、屈膝（膝关节应微微碰触手

图 4-42 硬拉

臂内侧），挺胸，下背部挺直，核心区收紧，股四头肌上半段紧贴腹壁。

动作要领：在预备姿势时要让背阔肌参与进来，即努力去拉杠铃，但不要骤然拉起（静力性对抗）。硬拉不需要像高翻这样爆发用力，一开始就猛拉杠铃，应伸髋、伸膝，缓慢且稳定地拉起杠铃。大重量练习建议采取正反握。

结束姿势：提拉杠铃至股四头肌上半段，臀部收紧，伸髋，腰背挺直，核心区收紧，肩胛骨内收。

● **罗马尼亚硬拉**（如图 4-43 所示）

预备姿势：双足与髋同宽，握距略大于肩，挺直腰背，核心区收紧，膝盖微屈，俯身握住杠铃，杠铃位于膝盖前方。

动作要领：在完成动作的过程中，尽量不要让杠铃离身体太远，否则下背腰椎受到的压力会更大，容易造成运动损伤。以相同速率伸直膝盖和髋关

图 4-43 罗马尼亚硬拉

节，保持杠铃直上直下。始终保持脊椎在中立位，避免过度弯曲、伸展和前移；始终保持挺胸，肩胛骨收紧；膝关节始终朝向脚尖方向，避免内扣或外展；始终保持全脚掌着地，防止重心前移或后倒。拉起过程中，充分收缩臀大肌，直至髋关节充分伸展；下放时，杠铃应低于膝关节但不着地。

结束姿势：提拉杠铃至股四头肌上半段，臀部收紧，伸髋，腰背挺直，核心区收紧，肩胛骨内收。

● **单腿硬拉**（如图 4-44 所示）

预备姿势：双手持哑铃于体前，挺直腰背，核心区收紧。

动作要领：支撑腿屈膝保持平衡，另一条腿后伸至与地面平行，完成动作过程中，腰背始终保持挺直，腘绳肌持续保持发力，膝盖不要出现内扣。

结束姿势：还原至预备姿势。

图 4-44 单腿硬拉

● **壶铃蹬摆**（如图 4-45 所示）

预备姿势：双手抓握壶铃于体前，两臂自然下垂，紧锁肘关节，挺胸收腹，目视正前方。

动作要领：上摆壶铃至 3/9 点钟位置，为克服壶铃惯性，可微微后仰身体；屈膝下放壶铃至 7/5 点钟方向，腰背挺直。上摆时注意髋、膝、踝关节的积极蹬伸，下放时屈膝，降重心，注意髋关节的退让。

结束姿势：还原至预备姿势。

图 4-45 壶铃蹬摆

4. 全身性练习

● **高翻**（如图 4-46 所示）

预备姿势：站距与髋同宽，握距与肩同宽，小腿距杠铃约 4 指，呈蹲姿，肩关节与地面的垂直线过膝关节，膝关节与地面的垂直线过前脚尖，杠铃与地面的垂直线在脚尖的前三分之一处。挺胸抬头，屈髋（臀翘），双臂伸直、挺直腰背。

动作要领：当练习者提拉杠铃至股四头肌下三分之一处时，髋、膝、踝一起蹬伸的同时降重心。将杠铃翻至三角肌前束上（双手不起支撑作用而是起稳定作用），最后蹲起呈站立姿势。

结束姿势：杠铃稳定地落在三角肌前束上和脖子前（不是锁骨上），抬起肘部并指向前方，挺直腰背，核心区收紧。

图 4-46 高翻

● **火箭推**（如图 4-47 所示）

预备姿势：站距与髋同宽，握距与肩同宽，杠铃固定在三角肌前束上，挺直腰背，核心区收紧。

动作要领：前蹲下蹲的过程，要尽可能保持杠铃在冠状面，以达到平衡。在蹲至底部之后，肘部开始适当下降，逐渐变成与水平面接近 45°的状态，这有助于快速并顺畅地将杠铃推至头顶。在推举杠铃的过程中，在髋、膝、踝蹬伸的同时伸肩、伸肘。完成推举后，下放杠铃的同时下蹲，以有效缓冲杠铃的重力作用。完整动作包括前蹲下蹲和杠铃推举 2 个动作。

结束姿势：将杠铃推至头顶，锁住肩、肘、腕关节，挺直腰背，核心区收紧。

图 4-47 火箭推

5. 药球类练习

● **俄罗斯转体**（如图 4-48 所示）

预备姿势：坐在地板上，保持腰部、背部挺直，抬起双腿，保持双腿的稳定，上半身向后微倾，核心区收紧、双手抱药球于胸前。

动作要领：身体先向左侧，使药球轻触地面，然后再向右侧转，使药球轻触地面。在保持下半身稳定的前提下，动作速度可以加快，以及更换重量更大的药球。在完成动作过程中，为保持身体平衡，可以在转体时将足偏向双手的异侧。

结束姿势：还原至预备姿势。

图 4-48 俄罗斯转体坐姿胸前推药球

● **站姿胸前推药球**

预备姿势：舵手采取前后站姿，站距与髋同宽，抬起后足的脚后跟，身体重心落在前足上（推车手、刹车手，女子单人雪车运动员采取双足平行站立，与肩同宽），身体重心前移（肩超过脚尖），微屈膝，屈肘，双手持药球于胸大肌下方，目视地面斜前方 45°。

动作要领：双足同时蹬伸（后足蹬伸幅度大，向前迈一步，如同百米起跑蹬伸的第一步；前足蹬伸幅度小，被身体重心向前带动一小步），在后足着地的同时，双手将药球从胸前水平推出。

结束姿势：呈前后弓步，身体重心在两腿之间，腰背挺直，核心区收紧，双手水平向前。

- **跪姿胸前推药球**

预备姿势：跪于瑜伽垫/海绵垫上，双手抱药球于胸前，挺胸收腹，目视前方，背部收紧。

动作要领：胸大肌发力，将药球用力向正前方推出，在推出药球后重心顺势前移。

结束姿势：双手撑于瑜伽垫/海绵垫上。

- **前抛药球**

预备姿势：双足平行站立，与肩同宽，腰背挺直，双手持药球于体前。

动作要领：双手持药球做前后预摆，膝关节随着双臂摆动做屈伸。当两臂从后向前上方做有力摆动时，两足迅速蹬地，充分蹬伸髋、膝、踝关节向前跳，与此同时，双手用力将药球向斜前方抛出，尽量做到既有高度又有远度。核心区收紧，不要出现脊柱屈伸的动作，否则容易出现腰部损伤。

结束姿势：呈前后弓步，身体重心在两腿之间，腰背挺直，核心区收紧。

- **后抛药球**

预备姿势：采取双足平行站立，与肩同宽，抬头挺胸，腰背挺直，双手持药球于体前。

动作要领：双手持药球做前后预摆，膝关节随着双臂摆动做屈伸。当双臂从前向后上方做有力摆动时，两足迅速蹬地，充分蹬伸髋、膝、踝关节并向后跳，与此同时，双手用力将药球向斜后方抛出，尽量做到既有高度又有远度。核心区收紧，不要出现脊柱屈伸的动作，否则容易出现腰部损伤。

结束姿势：双足落回地面，身体重心在后足上，腰背挺直，核心区收紧。

- **上抛药球**

预备姿势：双足平行站立，与肩同宽，腰背挺直，双手持药球于体前。

动作要领：双手持药球向上预摆，当双臂向下做有力摆动时，双足迅速蹬地，充分蹬伸髋、膝、踝关节，与此同时，双手用力将药球向正上方抛出。核心区收紧，不要出现脊柱屈伸的动作，否则容易出现腰部损伤。

结束姿势：双足落回原地，为避免被下落的药球砸中，可后退几步，接住弹起的药球，还原至预备姿势。

五、诊断分析与调控

（一）运动表现的诊断分析与调控

运动表现是指人们在运动中以良好的身体素质为基础，以高效的动作模式、最优化的运动技能效率完成一系列动作所展现出的能力[165]。与基于超量恢复理论的传统运动训练方法相比，我们还可以通过运动员的训练监控、数据分析、营养调控、疲劳恢复、运动损伤与预防、运动康复、心理咨询、最佳竞技状态调控、装备优化、环境适应等非训练类策略来提升运动员的运动表现[166]。有关运动员运动表现的诊断分析（如表4-11所示）与调控对取得比赛胜利或达成竞赛目标至关重要。

1. 身体形态的诊断分析与调控

身体形态学的诊断分析与调控主要目标包括：描述某个项目运动员的身体形态特征；比较不同项目运动员的身体特征差异情况；描述不同国家运动员之间存在的潜在差异，以阐述某国家运动员在部分项目上尤其突出的原因；找出影响运动表现的重要测量学指标[167]。

雪车、钢架雪车和雪橇项目在启动阶段的加速是比赛唯一的"蓄力"机

表 4-11 滑降项目运动员运动表现的诊断分析内容

类别	雪车	钢架雪车	雪橇
身体形态	体重	体重	体重、肩宽、臂展
损伤预防		FMS（功能性动作测试）	
运动能力	速度、下肢最大力量、下肢爆发力	速度、下肢最大力量、下肢爆发力	上肢最大力量、上肢爆发力、上肢力量耐力
专项技术	舵手启动时是否提前接触把手	单手/双手推车；单脚/双脚站立启动	扒地次数、"推拉"次数
身体机能		能量代谢系统、神经系统及感觉机能、生理生化指标	

会，运动员推"车橇"助跑获得的动量是除了赛道重力势能以外的唯一能量来源，运动员在启动阶段的主要目标就是推动"车橇"达到尽可能快的初始速度。这不仅仅强调了启动速度的重要性，也从另外一个角度凸显了体重（重力）的重要性。运动队中，教练员负责训练，营养专家负责食物和营养素配比，实现训练与饮食双管齐下，在更好地保持运动员运动能力的同时实现体重的增长。我国已有运动队采用智慧食堂系统，定期对运动员进行身体成分分析，将体重、肌肉含量、脂肪含量等数据提供给营养专家，营养专家根据相关信息制订饮食计划，最后将饮食方案与运动员信息录入到智慧食堂系统，运动员仅需就餐时完成脸部识别，系统就自动为运动员呈现饮食计划、饮食注意事项、目标体重等信息。

除体重、体脂外，形态学指标也是不容忽视的。黑斯廷斯进行了初步的计算流体动力学研究，以研究空气动力阻力随钢架雪车运动员外形轮廓的变化而发生的改变，结果发现合适的脊柱弯曲可以改善 7% 的空气动力阻力[168]。钢架雪车运动员采用俯卧姿势，雪橇运动员采用仰卧姿势，在滑行过程中同样也会受到脊柱弯曲的影响，而雪车运动员是位于半封闭式的雪车内，因此，脊柱弯曲程度对雪车运动员影响较小。肩峰到鹰嘴（上臂）的长度与雪橇启动表现高度相关（青少年 r=–0.74，成年 r=–0.58），但臂展（臂展指两臂侧向最大限度地水平伸展时，两中指指尖点之间的直线距离）与启动时间无关。这就表明上臂长度在启动中比臂展起着更重要的作用。上臂的肌肉与前臂的肌肉相比有更大的横截面积，因此在启动时上臂能产生更多的作用力。此外，雪橇运动员的肩宽与启动表现也存在高度相关（r=–0.71）。解决脊柱弯曲度、臂展和肩宽等形态学指标的唯一途径就是在运动员选材时给予慎重考量。

2. 动作筛查

功能性动作筛查（Functional Movement Screen，FMS）是一种评估人体动作质量的工具，由7个基础动作模式（包括深蹲、直腿主动上抬、肩关节灵活性、跨栏架、直线弓箭步、旋转稳定性、躯干稳定性俯卧撑），通过筛查疼痛检测动作缺陷、不对称和不平衡的身体情况[169]。FMS可通过测试功能性动作来发现运动员灵活性与稳定性方面的不平衡。这种评估技术可以放大运动员动作代偿的问题，从而使我们更容易发现问题所在。也正是这些动作上的瑕疵会导致运动链系统出现故障，使运动员在完成运动时动作效率不高，并产生潜在的受伤风险。

FMS评分分为4个等级（0~3分，3分为最高分）

0分：测试中任何部位出现疼痛

1分：受试者无法完成整个动作或无法保持起始姿态

2分：受试者能够完成整个动作，但完成的质量不高（完成动作但出现代偿）

3分：受试者能高质量地完成动作（完成动作符合动作模式）

若功能动作筛查分数低于13分，则认为受试者身体动作模式有问题，发生运动损伤的几率大大增加[170]。

- **深蹲**

测试要求：运动员双脚稍大于肩宽站立，脚尖冲前，双臂将棒举过头顶，然后缓慢下蹲直至大腿低于水平面，下蹲过程中足跟不能抬离地面，抬头挺胸，目视前方，双臂尽量不要前倾，直棒保持水平，尽量不要出现单边高。

目的：可以评估髋、膝和踝关节的双侧均衡性和灵活性。通过观察举在头顶上的直棒，可以评估肩和胸椎的灵活性。

- **跨栏架**

测试要求：运动员双手持棒于肩上，双脚并拢站立，脚尖冲前，使脚趾处于栏架下方，栏架高度与下肢胫骨粗隆的高度一致，然后一侧下肢直立，另一侧下肢缓慢抬起并跨过栏架，并以足背屈（足跟）触地后再缓慢返回，动作完成过程中尽量保持躯干的稳定。此动作为非对称性测试动作，需分别进行左右两侧的测试。

目的：可以评估髋、膝和踝关节的灵活性和稳定性。完成跨栏架测试时，需要支撑腿的髋、膝和踝关节表现出一定的稳定性，同时要求跨栏腿的踝关节开放运动链的背屈，以及膝关节和髋关节的弯曲。

- **直线弓箭步**

测试要求：运动员两脚前后站立于一条直线上，保证后腿跪地时膝盖可以触到前脚后跟，两手握棒，前方脚对侧手于颈部握棒（如右脚在前则左手在颈部握棒），另一侧手握棒于腰椎处，然后后膝缓慢下跪至触地，测试过程中保持棒与枕骨、背部和骶骨3处接触。此动作为非对称性测试动作，需分别进行左右两侧的测试。

目的：可以评估躯干、肩部、髋和踝关节的灵活性与稳定性、股四头肌的柔韧性和膝关节的稳定性。

- **肩关节灵活性**

测试要求：运动员一只手由下向上以手背贴住后背部，沿脊柱尽力向上握住直棒,另一手由上向下以手掌贴住后背部,然后使两拳尽可能的接近,记录两拳间距离。此动作为非对称性测试动作,需分别进行左右两侧的测试。

目的:评估两肩内旋和外旋、前伸和后缩的活动幅度以及肩胛骨和胸椎的灵活性。

● **直腿主动上抬**

测试要求:运动员仰卧,双手置于身体两侧,掌心向上,测试腿上抬,足背屈,膝关节伸直,测试者将棒立于髂前上棘到髌骨连线中点处大腿外侧,然后运动员缓慢抬起测试腿。此动作为非对称性测试动作,需分别进行左右两侧的测试。

目的:通过测试可以评估在盆骨保持稳定、对侧腿主动上抬时,腘绳肌、腓肠肌、比目鱼肌的柔韧性,还需要表现出良好的对侧腿髋关节灵活性以及腹下部肌肉的稳定性。

● **躯干稳定性俯卧撑**

测试要求:运动员俯卧,双臂稍宽于肩撑地。双手大拇指与头顶保持在一条直线上,同时双膝尽力伸直,女性运动员双臂可稍下移,使双手拇指与下颌保持在一条直线上,腰椎保持自然伸直姿势。运动员向上撑起使身体整体抬起,完成动作全过程腰部不可晃动,保持腰椎自然伸直姿势。男性运动员如果不能从起始姿势完成此动作,可以上臂下移使双手拇指与下颌保持在一条直线上,再完成一次动作;如果女性运动员不能从起始姿势完成此动作,可以双上臂下移使双手拇指与颈部保持在一条直线上再完成一次撑起动作。

目的:评估上肢进行闭合运动时,运动员从前后两个维度上稳定脊椎的能力;上肢进行对称运动时,躯干在矢状面上稳定性。

● **旋转稳定性**

测试要求:运动员跪撑,使膝、髋和肩关节都处于90°,足背屈,腰椎保持自然伸直姿势,然后一侧上下肢抬起,使此侧肘和膝在矢状面内屈曲相触，相触后再将此侧上下肢沿水平方向还原。

目的：运动员在进行该测试时，要完成的动作比较复杂。它要求运动员具备良好的神经肌肉协调能力。通过这一测试可以评估在上下肢同时进行运动时，躯干在多个维度上的稳定性。此动作为非对称性测试动作，需分别进行左右两侧的测试。

冬奥冰道滑降项目运动员如因关节活动度受限、肌力失衡和稳定性差等原因造成的滑行失误、翻车，极易造成骨折和脑震荡等严重损伤，因此，定期对运动员进行功能性动作筛查能提前对出现问题的关节或肌肉进行松解与强化，可以减小运动损伤的发生几率。作为一种低成本、易操作、同时具有较高信度、效度的测试方法，FMS 的出现丰富了测试内容，使测试获取的信息更加多元化 [171]。

3. 运动能力的诊断分析与调控

雪车、钢架雪车和雪橇作为体能主导类速度力量型项目，要求运动员在位移过程中的能量输出功率大，具有较强的速度、力量和爆发力等能力。钢架雪车和雪车主要通过下肢爆发力，雪橇主要依靠上肢和躯干爆发力完成启动加速。钢架雪车运动员需要在 30m 左右的距离完成俯身推车启动加速；雪车运动员依据赛道设计坡度，需要在 6s 内将一定重量的雪车推进 50m；雪橇运动员则依靠起点的把手，手臂、后背、髋和腰部协同发力，将自身和雪橇推出，随即依靠佩戴有钉刺手套的双手扒划冰面，需要在 3s 内行驶 6m 以上。教练员在休赛季期间会定期组织速度、力量测试，评估训练效果。

- **速度能力的诊断分析与调控**

雪车和钢架雪车运动员的速度测试包括冲刺跑、陆地推车和冰上推车 3 种形式，雪橇运动员的速度测试包括模拟启动和冰上启动 2 种形式。科研人员通过电子计时系统搭配动作捕捉系统，对运动员的分段时间与总启动时间进行分析，尝试找出启动落后的原因。

由速度 = 步频 × 步长的公式可以知道，步频和步长是决定速度快慢的重要因素，而雪车和钢架雪车运动员的速度提升究竟是通过增大步长还是通过加快步频来实现呢？有研究将钢架雪车和短跑运动员的启动阶段进行比对后发现，俯身推车助跑的躯干角度与短跑加速阶段躯干角度十分接近，两者步频相差无几，但短跑运动员起跑后加速跑的步长（1.29m）远大于钢架雪车运动员推车启动的步长（1.14m）。钢架雪车运动员推车启动阶段速度的提升应以提升步频为主，其主要原因如下：1）运动员的步长受到俯身推车的限制；2）在奔跑速度较慢的情况下增大步长，意味着延长蹬伸时间，这在毫秒必争的钢架雪车比赛中并不是明智之举；3）世界优秀运动员的步频与世界优秀短跑运动员并无差异，但步长却相差很多。助力跑练习过程中，运动员的触地时间将随助力程度的增加而减少[172]，步频将随助力程度的增加而提高[173]，因此，钢架雪车运动员可以通过下坡推车和牵引推车实现推车步频的提升。

2人雪车运动员需推至少170kg，4人雪车运动员则需推至少210kg的雪车行进60m左右，这与推雪橇跑类似，运动员克服位于体前的阻力。由表4-12可知，推雪橇跑会导致运动员的步长、步频和腾空时间下降、触地时间的延长。此外，步长下降的幅度大于步频，这表明步长的提升空间大于步频。在周期性运动中肌肉收缩的能量消耗与肌肉的收缩速度成立方比，即肌肉的收缩速度每增加1倍，其耗氧量就会增加7倍[174]。从能量代谢的角度出发，雪车运动员在加速阶段通过增加步长提高加速度比通过加快步频提高加速度更节省能量。在启动的后半段达到一定速度后，受到坡度（下坡）的影响，运动员此时应从增加步长改变至加快步频，此时，只有提高了步频，运动员才能缩短腾空时间，进而避免在蹬车时造成速度过多的损失。教练员可以在运动员推车启动时加入标志点（海绵块），刻意训练运动员的启动步长，循序渐进，达到合适的步长—身高比。

表 4-12 推雪橇跑的时空特征研究 [175~180]

作者	实验对象	负荷量（% 体重）	步长	步频	触地时间	腾空时间
Lockie et al.（2003）	男子田径运动员（n=23; 平均年龄 23.1 岁）	12.6% 32.2%	↓ 10% ↓ 24%	↓ 6% ↓ 6%	↑ 10% ↑ 19~22%	↓ 20~25% ↓ 40~50%
Murray et al.（2005）	男子橄榄球和足球运动员（n=33，平均年龄 21.1 岁）	10% 20% 30%	↓ 8% ↓ 8% ↓ 18%	0% ↓ 4% ↓ 6%		
Maulder et al.（2008）	男子田径运动员（n=10; 平均年龄 20 岁）	10% 20%	↓ 6~9% ↓ 11~12%	↓ 2~1% ↓ 4~3%	↑ 4~7% ↑ 11~13%	↓ 1~16% ↓ 12~20%
Alcaraz et al.（2008）	短跑和跳远运动员（n=18，平均年龄 22 岁）	16%	↓ 8%	↓ 5%		
Alcaraz et al.（2009）	男子田径运动员（n=26，平均年龄 20 岁）	6% 10% 15%				
Martinea-Valencia（2014）	男子短跑和团队项目运动员（n=14，平均年龄 18 岁）	5% 10% 15% 20% 25% 30%	↓ 2% ↓ 4% ↓ 6% ↓ 9% ↓ 10% ↓ 11%	↓ 2% ↓ 3% ↓ 4% ↓ 4% ↓ 5% ↓ 7%		

● **力量的诊断分析与调控**

雪车和钢架雪车运动员借助下肢爆发力完成启动加速，雪橇运动员借助上肢爆发力完成启动加速。最大力量作为其他力量素质的基础，是雪车、钢架雪车和雪橇的主要诊断内容之一（如表 4-13 所示）。

表 4-13 雪车、钢架雪车、雪橇的力量测试内容

测试类别	最大力量（1RM）	速度力量（爆发力）	力量耐力
雪车	深蹲、卧推、高翻	垂直跳跃、立定跳远、立定三级跳、前/后抛药球	背部力量耐力、颈部力量耐力
钢架雪车	深蹲、卧推、高翻	垂直跳跃、立定跳远、立定三级跳、前/后抛药球	背部力量耐力、颈部力量耐力
雪橇	引体向上、卧推、卧拉	坐姿前掷实心球、推铅球、前/后抛药球	15s引体向上、30s俯卧撑、背部力量耐力、颈部力量耐力

资料来源：国际雪车联合会、国际无舵雪橇联合会，有关这3个项目的力量调控见《4.4 体能训练》章节

4. 专项技术的诊断分析与调控
● 启动技术

钢架雪车运动员启动时的手臂技术主要分为双手和单手推车2种，两者之间不存在差异。双手推车相较单手推车更加稳定，但双手推车会导致脊柱侧屈和旋转，这会损失部分向前的动力，因此，单手推车适合经验丰富的运动员，而双手推车更适合新手运动员[181]。所以，教练员可以通过对运动员的臂展和背部柔韧性进行诊断，有针对性地选择启动技术。

除手臂技术差异外，准备阶段的站立姿势也分为单脚启动和双脚启动。尽管单脚启动和双脚启动在50m用时上无差异，但在蹬离抵趾板时的膝关节角度，缓冲时的躯干角度、脚趾离地高度、支撑和腾空时间还有步长都存在差异（如表4-14所示）。这2种技术都是有效的。单脚启动类似短跑起跑的前后开立，双脚启动是两只脚都抵住抵趾板。

双脚启动运动员的第一步和第二步支撑时间都是0.21s，单脚启动运动员的第一步和第二步支撑时间分别为0.18s和0.20s。双脚启动运动员的第一

表4-14 钢架雪车运动员单、双脚启动时的支撑、腾空时间和步长情况[182]

受试者	支撑时间（s）		腾空时间（s）		步长（m）	
	第一步（右）	第二步（左）	左—右	右—左	左—右	右—左
1	0.17	0.21	0.08	0.03	0.88	1.10
2	0.13	0.22	0.10	0.06	1	1.19
3	0.21	0.16	0.08	0.08	1.02	1.06
4	0.19	0.20	0.05	0.04	0.90	1.06
平均	0.18	0.20	0.08	0.05	0.95	1.10
	第一步（左）	第二步（右）	右—左	左—右	右—左	左—右
5	0.19	0.18	0.05	0.06	0.96	0.86
6	0.23	0.24	0.02	0.03	1.03	1
平均	0.21	0.21	0.04	0.05	1	0.93

资料来源：1~4号受试者是单脚启动，5、6号运动员是双脚启动

步腾空时间（0.04s）明显短于单脚启动运动员（0.08s），第二步腾空的时间都是0.05s。精英男子短跑运动员的第一步支撑时间为0.16~0.19s，第二步腾空时间为0.15~0.18s，第一步腾空时间为0.06~0.07s，第二步支撑时间为0.04~0.09s[183]，与钢架雪车运动员相似。单脚启动运动员的第一步步长（0.95m）短于第二步步长（1.10m），双脚启动运动员的第一步步长（1m）大于第二步步长（0.93m）。精英短跑运动员的第一步步长在0.98~1.20m之间[184]。

尽管单脚启动和双脚启动运动员在运动学上存在差异，但50m的用时不存在差异，这表明这2种启动方式都能在短时内达到较高速度。相关研究

发现，在最大躯干弯曲角度、支撑和腾空时间上，钢架雪车启动和短跑的起跑存在相似性，但是2种启动方式之间存在差异。在双脚启动技术中，运动员从较低的身体姿势启动（更大的躯干倾斜角度，负角度），然后通过右脚充分蹬离抵趾板，右膝积极伸展，第一步的脚趾离地很近即腾空时间很短。在单脚启动技术中，运动员启动姿势更接近水平（接近0角度），第一步步长也不是很大，支撑时间较短，第一步腾空时间较长。单脚启动的第二步步长（1.10m）比双脚启动（0.93m）的要长。这说明双脚启动的前2步步频更快，步长更短。

教练员可借助动作捕捉系统，对钢架雪车运动员的启动前几步步长、步频、腾空时间、触地时间等运动学数据进行分析，进而帮助运动员确定手臂技术和预备姿势。

无论4人雪车还是2人雪车，运动员之间需协同配合、提高默契程度，速度能力越强者，持续推动"车橇"加速的距离越长，跳入"车橇"内的时间也相对较晚。4人雪车除舵手外通常采取最具爆发力的运动员先蹬"车橇"，跑得最快的运动员后蹬"车橇"的顺序，利于获得更好的推"车橇"效率和更快的推"车橇"速度[185]。教练员需根据运动员的力量和速度特征合理安排刹车手和推车手位置及其蹬车顺序。

不同赛道的启动加速距离和坡度对雪橇运动员扒地次数提出了不同的要求，加速距离越长的赛道，运动员扒地次数越多；坡度越陡的赛道，运动员扒地次数越少。无论扒地次数的多与少，运动员都要尽可能在所需扒地次数中完成最大加速。韦罗妮卡（Veronika）对优秀雪橇女运动员研究发现，髋是雪橇启动阶段的驱动力；髋向后移动的速度相较于橇向后移动的水平速度及肩膀的垂直移动更快；当肩膀达到最大垂直位置时，将髋部向前送，利于增加雪橇前进的动力[186]。此外，"推拉"阶段是运动员扒地前的主要蓄力过程，是重中之重。

可通过测试雪橇运动员的上肢最大力量、爆发力和肩、髋、躯干的柔韧性来诊断与分析运动员的薄弱点，采取力量与拉伸（关节松动术、肌筋膜放松）的方式改善力量与柔韧性问题。

● **滑行技术**

滑行阶段用时占据总时间 90% 以上，无论是滑行路线的细微偏差，还是转向方法的错误选择都会导致与奖牌失之交臂。滑行中雪车更类似于汽车的驾驶，舵手操控雪车内的"舵"改变雪车前刃的方向，比的是舵手的驾驶技术。钢架雪车和雪橇在滑行时运动员需"贴"在"车橇"上，通过身体的各个部位发力改变"车橇"行进方向，考验的是运动员控制身体的能力。对运动员的滑行技术诊断与分析的主要手段包括视频拍摄和动作捕捉系统，配合装在"车橇"上的惯性加速度计数据，修正"车橇"速度和加速度实际状况，这就更加直观地给教练员和运动员提供路线、转向情况。

对运动员的滑行技术进行调控的主要措施就是"多滑"、"多练"、"多想"。多滑是针对赛季期间，多参加不同赛道的比赛，熟悉赛道几何学特征；"多练"是针对休赛季期间，加强滑行所必需的核心力量、颈部力量等基本素质；"多想"是落实每次滑行结束后教练提出的建议与要求，同时还指表象训练，即通过想象，在脑海中模拟完整的赛道滑行，形成清晰的视觉和动觉表象。

5. 身体机能的诊断分析与调控

在运动训练实践过程中，采用运动人体科学理论、实验技术和方法，对运动员身体机能进行测量以评价运动员身体机能状态，分析其变化趋势，并根据测试结果及时调整训练计划，这一过程称为运动员身体机能的诊断分析与调控。

● **能量代谢系统测试**

雪车、钢架雪车和雪橇项目要求运动员在短时内推动"车橇"达到较高的初速度，在推车启动阶段人体供能特征属于典型的磷酸原供能系统，在滑行过程中属于糖酵解和有氧混合供能。

滑降项目运动员的磷酸原代谢能力的评价标准是：无氧输出功率越高，血乳酸上升越少，磷酸原代谢供能能力越强。测定方法包括 10s 最大负荷测试法、Margeria 台阶实验和 Quebec10s 无氧功实验等。糖酵解代谢能力的评价标准是：做功的量越大，运动前后血乳酸的增值越大，糖酵解供能能力越强。测定方法包括 60s 最大负荷测试、无氧功率跑台测试和翁盖特（Wingate）无氧功率实验等。有氧代谢能力的强弱通常借助最大摄氧量的大小来评判。最大摄氧量是人体在进行有大量肌肉群参与的长时间剧烈运动中，当心肺功能和肌肉利用氧的能力达到极限水平时，单位时间内所能摄取的氧量。它反映了机体吸入氧、运输和利用氧的能力，最大摄氧量越大者，有氧供能能力越强。

- **神经系统及感觉机能测试**

神经系统及感觉机能测试主要包括视觉闪光融合阈值、肢体平衡机能、双手协调机能、前庭器官稳定机能、视深度和肌肉本体感觉等。

尽管一次滑行用时在 1min 以内，但滑行过程中运动员的注意力高度集中，高速下感觉器官持续接受外环境刺激极易造成中枢神经系统疲劳，因此，运动员一天滑行训练一般不超过 4~5 次。过度的运动训练会造成中枢神经系统抑制，出现运动疲劳，直接表现在大脑皮质持续有节律的变化出现异常，通过大脑皮质完成的一些感觉机能下降，降低训练效果。可以借助闪光融合频率和亮点辨别阈来评定运动中枢神经系统的疲劳与恢复情况。

- **其他机能评定指标**

在机能评定中还常通过专门仪器测试运动医学和运动生物化学方面的指标，如血乳酸、血清肌酸激酶、血尿素氮、血红蛋白、尿蛋白、睾酮等相关激素水平及与代谢有关的酶类活性。

运动实践中常常使用血清肌酸激酶的含量高低来反映训练强度的大小，机体内的血清肌酸激酶会随着休息时间的延长逐渐被机体清除，清除的速率与休息的时间呈正相关，因此，血清肌酸激酶含量也能反映机体恢复的程度。运动实践中血尿素的变化主要是反映了运动量的大小，而且主要是通过测量第二天晨血尿素氮的情况，以此变化反映当天的训练量[187]。运动后血尿素增加超过 3.0mmol/L 时，表明训练量过大；增加 3.0mmol/L 左右，训练量虽大，但经一天休息基本可以恢复；增加 1.0mmol/L 左右，表明训练量太小[188]。睾酮（testosterone）主要功能是促进体内合成代谢，所以在训练期间，睾酮值的变化可以用来反映恢复过程的情况，从而监控身体的机能。皮质醇（cortisol）主要是加速糖原、脂肪和蛋白质分解，其值过高，说明机体分解代谢过于旺盛，不利于消除疲劳。血清睾酮/皮质醇（T/C）的比值越小，表明机体越疲劳。尿蛋白、尿胆原、尿酮体均是课后测定，反映耐力训练负荷量，一般不单独用于评价训练负荷，主要做辅助指标。

（二）运动性疲劳与恢复

1. 运动员的运动性疲劳

运动性疲劳是指由于运动过程中，当运动量和负荷达到一定程度，机体生理生化发生改变而导致人体运动能力暂时降低的现象，运动停止后又可恢复的生理过程，可分为躯体性疲劳和心理性疲劳 2 种，雪车、钢架雪车和雪橇运动员躯体性疲劳表现为启动反应迟缓，推"车橇"动作的协调性下降，失眠、烦躁与不安等，雪车和钢架雪车运动员还表现出跳"车橇"迟疑、卡顿，雪橇运动员会表现出扒地做功距离缩短，两者均会导致启动时间延长。心理性疲劳是由于心理活动造成的一种疲劳状态，主要原因包括训练内容单一、重复和长期驻足相同训练赛道，雪车、钢架雪车和雪橇运动员心理性疲劳的主观症状有注意力不集中，弯道辨识度下降，弯道特征记忆不准确等。

运动训练必然产生疲劳，疲劳是训练的必然结果，疲劳不是训练目的，但疲劳是超量恢复的前提。疲劳与恢复是运动训练中不可避免的一对矛盾，只有训练安排合理、恢复措施得当，运动员运动状态才能渐入佳境。随着体育商业化的加速，运动赛程安排愈加紧密，运动竞赛更加激烈，疲劳和恢复的矛盾也必将更加尖锐。

在运动训练中，运动员的身体状况对科学安排训练负荷至关重要，因此，通过生理和生化指标来判断和评价运动员的疲劳程度能有效促进科学的训练并降低运动员受伤几率。血清肌酸激酶是短时间剧烈运动时能力补充和运动后三磷酸腺苷恢复的反应催化酶，与运动时和运动后能量平衡及转移有密切关系，其中肌酸激酶同工酶（CK-MM）为肌型同工酶，96%存在于骨骼肌细胞中，当血清中的CK-MM发生变化时，其同工酶成分也会发生相应变化，而MM3/MM1的比值对于判断损伤发生的时间具有重要意义[189]。睾酮有助于加速体内合成代谢，皮质醇可加速分解代谢，在运动员的恢复期检测血尿素氮（blood urea）和血清睾酮/皮质醇（T/C）比值变化，可以了解蛋白质和氨基酸代谢的供能和合成情况以及体内合成代谢与分解代谢平衡状态（T/C比值高于30%时是过度训练的警戒线），以此评定运动员身体机能和疲劳程度。

2. 运动性疲劳的恢复措施

雪车、钢架雪车和雪橇运动员运动性疲劳的恢复措施主要包含肌肉、神经系统和内环境3个方面。

（1）肌肉放松

肌肉放松的主要目的是改善肌肉血液循环，加速代谢产物排出及营养物质的补充。如整理活动、按摩、水疗、理疗、再生恢复等。

● 整理活动

一般整理活动包括慢跑、调节呼吸和拉伸。局部负担过重会导致肌肉僵硬或肌肉酸痛，而静力牵拉伸展练习可以缓解运动后延迟性肌肉酸痛（Delayed Onset Muscle Soreness，DOMS）和肌肉僵硬，使肌肉放松，并可加强骨骼肌蛋白质的合成过程，促进骨骼肌疲劳的消除。本体感受性神经促进（Proprioceptive Neuromuscular Facilitation，PNF）牵拉技术是根据人体发育学和神经生物学，结合日常运动模式创建的。它强调多关节、多肌群的联动参与，其方法通常是在他人的协助下，通过拮抗肌的收缩来拉伸目标肌肉，然后再进行目标肌肉的等长收缩进行肌肉的牵拉。PNF 牵拉可以对本体感受器刺激的同时改善神经肌肉的兴奋性，从而改变肌肉的张力，缓解肌痉挛、肌肉强硬。此外，还可以有效改善身体柔韧性，增加关节活动范围，并提高神经肌肉反应能力，从而预防运动损伤的发生。

● 水疗

热水疗法能扩张血管，促进血流动与新陈代谢，加速废物的排泄，使汗腺分泌增加，消除皮肤污垢、汗液及脱落的表皮，放松肌肉，安抚神经，使机体柔软、欲睡、促进食欲。最简单的手段是淋浴，水温和水的机械作用都对肌肉疲劳消除有良好的促进作用。涡流浴是如同洗衣机一样搅动，造成明显的水温和水流冲动刺激，效果更佳。此外，还包括桑拿浴、蒸汽浴和脉冲式水力按摩浴。

● 再生恢复

再生恢复训练是通过专门性的训练对运动员的机体进行刺激，使运动员的身体能够快速地恢复到原先的水平。目前，世界各地雪车、钢架雪车和雪橇国家队都会在训练中有计划地对肌肉和筋膜（肌腱、韧带等结缔组织）进行唤醒激活和梳理放松，通过促进血液和淋巴回流，修复肌纤维的超微结构损伤，来促进神经—肌肉系统疲劳后的恢复；并结合跨项目的低负荷有氧运动、静态拉伸和水疗法，提高人体能量循环系统和免疫系统的工作能力，促使机体的疲劳和适应趋于动态平衡。

随着人们对解剖学的认知逐渐深入，越来越多运动员开始接触到与筋膜有关的概念（筋膜学说）及其产品（筋膜枪）。筋膜包括浅筋膜和深筋膜，浅筋膜是指组织学上的皮下组织，包被全身各处；深筋膜由致密结缔组织构成，位于浅筋膜深层，包被四肢肌肉组织、血管和神经。肌筋膜能够提供结构性支持并包括每一块肌肉，约束肌肉活动、分割肌群或肌群中的各块肌肉并减少肌肉间摩擦。人体运动中完成的各个动作是通过肌肉收缩牵拉骨杠杆完成，其实是在肌筋膜的限制和帮助下完成，肌筋膜可被看作人体中一张多层次的网络，对它的梳理放松应是力量训练后的恢复工作的重点，而以往我们的恢复工作主要通过队医的推拿按摩围绕着肌肉组织进行。

肌肉筋膜梳理放松的一般程序是先用触点球（可以用较硬的网球、棒球、垒球替代）进行深层肌肉筋膜痛点的按压，然后是泡沫轴和按摩棒对浅层肌肉筋膜梳理放松，使用这些小器械按压和滚揉可以降低肌肉黏滞性缓解疲劳紧张，最后借助筋膜枪来促进血液、淋巴循环，加快代谢废物的排除。

（2）神经系统机能状态放松

冬奥冰道滑降项目完成1轮滑行用时在60s左右，但最高时速可达150km/h，使运动员长期承受高应激压力，不可避免地、经常性地产生神经系统疲劳。主要调整方法包括睡眠、放松训练、音乐疗法、经颅直流电刺激等。

● 音乐疗法

从生理角度看，音乐作为一种声音刺激，可通过机体的反射作用迅速产生一系列生理和心理反应。在运动员进行推"车橇"练习前，可以给运动员播放节奏鲜明的音乐，激起运动员训练欲望，心肌张力增强；当训练结束后，可播放节奏缓慢、单调重复的音乐，使运动员放松心情、神经元信号释放减缓。若训练队经费充足的话，可购置包含生物反馈、音乐放松、体感震动、气囊按摩、加热等功能的音乐放松椅（如图4-49所示），在放松身心的同时，还可实时监测心率、呼吸和皮肤电指标，根据生理指标变化提供呼吸、放松建议，帮助运动员调节自身的情绪状态，达到深度放松效果。

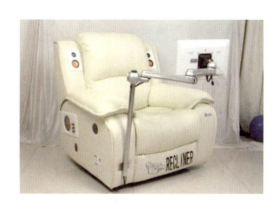

图 4-49 音乐放松椅

- 放松训练

放松训练是以一定的暗示语集中注意力，调节呼吸，使肌肉得到充分放松，从而调节中枢神经系统兴奋性的一种训练方法。通常在临睡前或训练后进行放松训练，主要作用是降低中枢神经系统的兴奋性和减少由情绪紧张引起的过多能量消耗。

- 经颅直流电刺激

经颅直流电刺激（transcranial Direct Current Stimulation，tDCS）是一种非侵入性的脑刺激方法，通过置于头颅部位的电极产生直流电来调节刺激大脑皮层的兴奋性。合理运用经颅直流电刺激技术可推迟运动疲劳的出现，缩短运动反应时间，抑制由紧张或焦虑情绪带来的生理性震颤现象，主要是在训练前进行干预。目前最常见的副作用为出现在电极片下方皮肤的刺痛感和瘙痒感。

- 睡眠

冬奥冰道滑降项目运动员经常会因为大赛的临近、躯体和神经双重疲劳而出现程度不同的睡眠问题。正常、充足的睡眠对于运动员而言，可以最大程度地恢复体能和神经。而较差质量的睡眠或睡眠不足又使人体机能恢复受到阻碍，进而削弱免疫系统和内分泌系统的功能，同时，还会影响运动员的判断和反应。

睡眠周期，是指睡眠存在一个生物节律，国际睡眠医学学会将睡眠分为 5 个阶段（入睡期、浅睡期、熟睡期、深睡期、快速动眼期）。人们正常的睡眠结构周期分两个时相：非快速眼动睡眠期（non-rapid eye movement，NREM）和快速眼动睡眠期（rapid eye movement，REM）。NREM 与 REM 交替出现，交替一次称为一个睡眠周期，2 种循环往复，每夜通常有 4~5 个睡眠周期，每个周期 90—110 分钟。

完整睡眠周期中的深睡眠是反映睡眠稳态的重要标志。由于参与皮层恢复、神经紧张性调节、生物节律相关激素分泌等重要生理过程，深睡眠对记忆巩固、生长发育、组织修复和体力恢复等至关重要。睡眠质量评价的方法包括多导睡眠监测（polysomnography，PSG），睡眠与静态体征测试与评定系统以及匹兹堡睡眠质量指数量表（pittsburgh sleep quality index，PSQI）等，但现有监测系统操作复杂，成本高，较多固定的电极也可能会影响睡眠，而量表只能反映结果不能反映具体过程。有学者提出用测量心率变异的仪器来代替脑电图仪，从一定程度上评价睡眠质量，心率变异频域指标高频功率（High Frequency，HF）随着睡眠深度的增加而逐渐升高，低频功率/高频功率（Lower Frenqucy/ High Frequency，LF/ HF）随着睡眠深度的增加而逐渐降低[190]。

除保证夜间充足、合理的睡眠外，午睡也可有效缓解睡眠压力，是运动员常用的睡眠补偿策略之一，短于 1 个完整睡眠周期时长的午睡可有效缩短夜间睡眠潜伏期、延长深睡持续时间、降低睡眠心率变异性[191]。

3. 机体内环境的调节

通过补充机体在运动过程中大量失去的营养素，促进疲劳的消除。如吸氧、补充营养物质及利用某些中药和补剂来调节身体机能等。此外，体内激素在某些特定环境也会发生改变，如跨时区问题导致的褪黑素和皮质醇。

- **合理膳食**

运动员合理膳食的营养素包括糖类、脂肪、蛋白质、维生素、矿物质和水。运动员通过摄取食物，不仅能够补充运动机体消耗的能量和营养素，还有助于提高机能水平、改善运动能力。运动员合理膳食应满足如下特点：①各种食物的能量比例合理；②营养密度高、体积重量小的食物；③合理的进食时间。雪车、钢架雪车和雪橇运动员对体重有特殊的要求，体重越大在滑行过程中的加速度越大，因此，在运动员运动训练结束后要注意蛋白质的及时补充。

- **运动营养品的补充**

运动营养品是指对运动人体或体力活动者的特定身体机能具有调节功能的运动食品和营养素补剂（包含但不限于保健食品）。运动营养品主要具有以下特点：

① 以方便食用的方法提供已知的营养素，使日常训练或比赛效果最大化（如：液状膳食补剂、运动饮料、碳水化合物胶冻、能量棒）

② 包含多种的营养素成分以弥补已知的营养不足（如：铁补剂、复合维生素片）

③ 包含营养素或其他成分，以提高运动成绩或维持/恢复健康和免疫功能为服用目的。

合理考虑营养补充的时效性能确保运动营养品发挥最佳效果，因此，补充时需注意以下几点：

① 糖、电解质、水溶性维生素和水，服用或停用的效果大多很迅速，可以跟随训练负荷适时补充。

② 有关提升红细胞水平、纠正低血睾酮、提高免疫力的营养品补充，需

要有较长时间的服用过程才能表现出促进恢复的效果；强化力量支撑系统（骨骼、肌腱、韧带、关节）的营养品需要连续服用更长的时间，并结合力量训练才能达到促进力量增长的目的。

③ 重视运动后营养补充的代谢窗口期。每次运动后 45min 以内补充营养，有利于发挥胰岛素的促合成作用；延迟 2h 以上才开始补充营养，将显著降低蛋白质和糖原的合成速率。

- **消除时差综合征**

雪车、钢架雪车和雪橇的比赛赛道分布于世界各地，因此，运动员都不可避免跨越几个时区去参加比赛。跨时区飞行破坏了人体正常的生物节律，对运动员的运动能力产生消极影响。发生时差综合征的主要原因是昼夜颠倒导致的褪黑素和皮质醇分泌失调，从而造成睡眠和肠胃问题、食欲减弱、专注力和运动协调能力下降等问题。症状的严重程度与跨时区的数量有关，每跨越 1 个时区约需 1 整天的时间才会调整至正常的激素状态，此外，还受飞行方向的影响，其中自东向西飞行更容易适应，因为它延长了白天暴露的时间，延长了正常的生物周期。运动员应提前抵达比赛地点，保证足够的时间用于机体适应性恢复。运动员踏上飞机后，应提前将吃饭和睡觉的时间调整至比赛地的时间。

第五章

发展与保障策略

一、选材与运行

（一）选材

中国文字部分词组会出现同音异形的现象，如"撑杆"和"撑竿"、"以赛带练"和"以赛代练"，相同地，与"选材"相似的还有"选才"。同音异形的词组有的从字面意思就能理解，比如"以赛带练"指的是借助比赛带动训练，若运动员在队内的成绩远远领先于他人，训练效果不显著，教练员可让其参加高水平比赛，与同水平运动员同场竞技，满足其胜负欲，带动训练；而"以赛代练"指的是以比赛代替训练的形式去提升运动员运动表现，教练员会在一般准备期和专项准备期间给运动员安排一定数量的比赛，但他不会在训练负荷上为该阶段的比赛进行专门的调整，而是"以赛代练"，把比赛当作一堂强度课[192]。有的同音异形的词组必须从内涵和本质理解。"选材"和"选才"也是存在区别的，"材"是指"材料"，"材料"具有更多基础特性，需经加工雕琢方能成才。"才"是指"人才"，通常，在专门的领域达到较高水平的人被称为"人才"。教练员挑选参训的对象，是"选材"；运动队引进优秀运动员，则是"选才"[193]。例如，我们从普通小学挑选出有

潜力的小学生进入专门的体校,这是"选材";而北京首钢队决定引进前美国职业篮球联赛(The National Basketball Association,NBA)球员林书豪入队,这是"选才",当然,我们口头常说的"选材"主要指的是前者。

运动员选材培养包括选材和培养2个环节,选材是指通过测试和测量,筛选出在某个运动项目上具有发展潜质的运动员的过程,而培养是指为经过测试、测量和筛选后的运动员提供能实现自身潜能的合适培育环境[194]。运动员选材过程的基本原理主要是基于决定儿童或少年当前竞技表现的遗传因素(如人体形态、人体机能、运动素质)和运动技术等指标进行测量,再按照成人优秀运动员的标准预测、选拔有潜力的运动员[195]。申请获得国际雪车联合会雪车参赛资格的运动员最小年龄是15岁,钢架雪车参赛资格的运动员最小年龄是13岁,但参加青少年单人雪车比赛的运动员最小年龄也可以是13岁,而雪橇对最小的年龄组别(Youth D)的年龄限定是不超过10岁。从项目发展布局的角度来看,冬奥冰道滑降项目运动员的年龄从小到大依次是雪橇、钢架雪车和雪车。不同国家在选拔这3个项目的运动员时,测试项目大同小异,主要思路是高度一致的。雪车和钢架雪车项目的选材主要集中在下肢爆发力和速度表现优异的运动员,雪橇项目的选材主要集中在上肢爆发力发挥出色的运动员。选材是分阶段的,不是一劳永逸的,是伴随运动员的成长训练目标和任务需求,多轮次的。

1. 选材时的测试内容

奥斯贝克(Osbeck)对22名参加美国推车锦标赛的雪车运动员进行测试,该锦标赛主要是为了提高运动员在休赛季期间的体能水平而专门设置的比赛,与正式的雪车比赛不同,推车锦标赛是在陆地上进行的,运动员在信号倒计时结束前推车出发,约在40m处达到最高速度并蹬上雪车,赛道全长65m,计时系统将记录15~65m之间的时间作为比赛成绩。每名运动员有3次推车机会,3次成绩的平均值作为最终比赛成绩。奥斯贝克(Osbeck)的测试内容包括：垂直跳跃、后抛铅球（7.26kg）、立定五级跳、30m跑、60m跑、100m跑和温盖特（Wingate）无氧功率测试。美国雪车联合会规定垂直跳跃满分91.4cm，后抛铅球满分17.0m，立定五级跳满分17.0m，30m满分3.50s，60m满分6.65s，100m满分10.80s。测试结果发现，30m跑和垂直跳跃与尾部推车（刹车手）存在高度相关，30m跑与侧边推车（舵手或推车手）存在高度相关。世界级运动员在以上测试项目中除立定五级跳外，其余得分均高于普通运动员。垂直跳跃与峰值功率输出相关性高（r=0.92），而峰值功率又可以通过功率自行车测试得出，因此温盖特无氧功率测试能较好地辅助测试垂直跳跃，进而预测推车表现。

从表5-1可以看出，雪车测试内容主要围绕下肢爆发力（立定/助跑跳远、垂直跳高、连续蛙跳）、下肢最大力量（深蹲）、全身爆发力（高翻、前

表 5-1 不同国家选拔雪车运动员时的测试内容

国家	测试内容
拉脱维亚	30m冲刺跑，立定跳远，推训练车测试
美国	45m冲刺跑（记录0~15, 0~30, 0~45, 15~45四个分段时间），立定跳远，推铅球（男16磅，女12磅），1RM高翻，3RM深蹲
波兰	30m冲刺，立定跳远，推训练车测试，后抛药球
尼日利亚	30m冲刺跑，立定跳远，推铅球
牙买加	30m、60m冲刺跑，立定跳远，垂直跳，30m推车
英国	30m、60m、100m跑，助跑跳远，持橄榄球10m、40m冲刺跑，1RM深蹲、1RM高翻、垂直跳、立定跳远、骑功率自行车
加拿大	15m、30m冲刺跑，立定跳远、前抛药球（男5kg，女4kg）
俄罗斯	50m冲刺跑、推100kg雪橇（记录15~45m段的时间）、立定跳远、5级蛙跳、1RM深蹲、1RM卧推

资料源：国际雪车联合会官网

/后抛药球）、速度（30~100m 冲刺跑）和不同距离的陆地专项推车，个别国家还会将骑功率自行车（温盖特无氧功率测试）作为参考指标。

布洛克等人分析了女子钢架雪车在锡古尔达和圣莫里茨赛道的表现，发现 15m 处的瞬时速度对推车启动时间的贡献率分别为 86%（St. Moritz 赛道）和 85%（Sigulda 赛道）。推车启动时间变化影响因素中的 89% 可以用 15m 处的瞬时速度，蹬车时间和 45m 处的瞬时速度来解释[196]。在这项研究分析的变量中，在 15m 处达到较高速度是快速推车启动的最重要组成部分。蹬车时间和在 45 米处的瞬时速度的重要性随赛道特性不同而变化，并建议将 15m 处的瞬时速度（V_{15m}）作为钢架雪车选材时的测试指标。15m 无抗阻冲刺、仰卧腿举峰值功率对应的力量（FPmax）和无负重的下蹲跳（CMJ）高度这 3 个变量与 15m 处的瞬时速度（V_{15m}）高度相关[197]（r=0.86）。桑兹（Sands）等人提出运动员在负重的下蹲跳中产生的输出功率越大则正常冲刺和推车启动就越快。钢架雪车运动员推车 10m 和 15m 的速度分别达到正常冲刺跑的 70% 和 75%，当完成推车启动时的速度能达到正常冲刺的 83%~85%。以运动员 BMI 为控制变量，不同运动员推车启动时间和短距离冲刺时间的相关系数在 0.85~0.98 之间（高相关）[198]。黑斯廷斯进行初步的计算流体动力学研究发现，空气动力阻力随钢架雪车运动员外形轮廓的变化而发生的改变，合适的脊柱弯曲可以改善 7% 的空气动力阻力[199]。

钢架雪车的测试内容与雪车测试内容相似，包括下肢爆发力（立定/助跑跳远、垂直跳高、连续蛙跳）、下肢最大力量（深蹲）、全身爆发力（高翻、前/后抛药球）、速度（30~100m 冲刺跑）和陆地专项推车（15m 的瞬时速度），两者的主要区别在于对钢架雪车运动员的体重要求没有对雪车运动员要求那么苛刻。也有研究人员建议，将脊柱弯曲度作为选材的参考指标之一。

普拉策（Platzer）在对奥地利国家雪橇队 13 名男运动员进行影响启动

表现的测试中发现，卧拉、体后仰、握力这3项力量测试是招募运动员的重要测试指标[200]。克罗斯兰（Crossland）和哈特曼（Hartman）[201]通过室内测试设施对不同力量测试和人体测量学指标与雪橇启动表现的关系进行相关性分析后发现，成年国家队的8项测试和青少年国家队的3项测试均与启动时间高度相关。这与普拉策（2009）的研究结果类似，成年运动员的力竭俯卧划船（r=-0.82）、力竭引体向上（r=-0.81）和最大卧拉力量（r=-0.76）与启动时间高度相关；青少年运动员的力竭俯卧划船与启动时间高度相关（r=-0.76）。在人体测量学方面，肩峰到鹰嘴（上臂）的长度与启动表现高度相关（青少年r=-0.74，成年r=-0.58）。成年运动员的肩宽（r=-0.71）和身高（r=-0.62）与启动表现也存在高度相关。同时在成年组和青少年组中，上臂长度与启动时间具有高度相关性（r=-0.74，r=-0.58），而臂展长度与启动时间无关，表明上臂长度在启动中比臂展起着更重要的作用。这可能是因为上臂的肌肉与前臂的肌肉相比有更大的横截面积，因此，在启动时上臂能产生更多的作用力。美国雪橇国家队发布的体能测试标准中指出背部的肌肉组织（竖脊肌，背阔肌）和上肢（肱二头肌，肱三头肌，胸大肌，三角肌，斜方肌）是参与雪橇推拉阶段的主要肌群。

综上所述，雪橇的测试内容包括上肢最大力量（1RM卧推和卧拉）、上肢力量耐力（15s引体向上或力竭引体向上）、上肢爆发力（推铅球、坐姿双手前掷实心球）。握力反映了腕屈肌力量水平，而屈腕动作为推离把手提供了最后的作用力，因此，也可以将握力作为雪橇运动员选材的测试指标之一。有关人体测量学指标（身高和体重）和雪橇最大速度之间的关系表明，高个子和体重较重的运动员在雪橇比赛中有优势。高个子运动员，准确地说是坐高优势的运动员有良好的杠杆特性，具备更长的加速路径，运动员在压缩身体时能储存更多的弹性能，这将有助于实现更高的冲量。在人体测量学方面，可以测量上臂长度、肩宽、坐高和体重，为合理选材提供参考。

鉴于运动员的运动天赋和竞技能力很大程度上受控于遗传,如作为评定机体有氧工作能力的重要选材生理指标——最大摄氧量,其受遗传的影响较高。目前,人们已经从发现与遗传度较高的生理指标过渡到与运动能力相关的基因多态性分析。在技术条件允许的范围进行选材时对运动员实施基因多态性分析将对后续的成才大有裨益。运动员优秀运动能力的基因多态研究始于1998年,迄今为止,已发现超350个与运动能力相关的基因[202]。其中ACTN3基因R577X多态位点被国内外大量研究证实是优秀速度及力量素质的分子标记(如表5-2所示),更被冠以"冠军基因",用于优秀运动员的基因选材[203]。CTN2和ACTN3表达于人类骨骼肌,但后者仅特异性表达于快肌纤维,并对肌动蛋白的锚定和肌纤维收缩的调节起重要作用[203]。

表5-2 携带不同R577X基因型个体特征[203]

	个性特征	RR基因型	RX基因型	XX基因型
运动状态	爆发力状态	高频率	高频率	
	耐力状态	未知	未知	高频率(少量证据)
	混合状态	未知	未知	未知
生理表现	力量	高	高或中等	低
	爆发力	高	高或中等	低
	有氧能力		未知	高(少量证据)
	肌肉量	高	高	低
	肌肉组成(Ⅱ型)	高	—	低
	肌肉硬度	高	中等	低

先前研究中 R 等位基因多见于兼备优秀速度、爆发力和力量素质的运动员中，这表明该等位基因携带者会对速度、爆发力和力量训练产生较好的适应，这一方面可能是由于 R 等位基因携带者在爆发力训练中会发生更多的雷帕霉素靶蛋白（mammalian target of rapamycin，mTOR）和 p70S6 激酶磷酸化，从而诱导骨骼肌肥大[204]，另一方面则可能与 R 等位基因携带者具有更高的睾丸激素水平相关[205]，因此，可将 ACTN3 基因 R577X 多态位点作为雪车、钢架雪车和雪橇选材的参考指标之一。

此外，随着高科技设备的研发与投入使用，先前部分无法量化的指标，如视觉运动追踪能力，也能通过相关测试设备得到较为可信、完善的数据。我们知道，这 3 个项目在实际比赛中最快时速均能超过 130km/h，运动员需克服速度感带来的视觉影响，且大脑接受外界信息中，80% 的信息来自视觉[206]，因此，视觉运动追踪能力对雪车、钢架雪车和雪橇运动员的重要性不言而喻。视觉运动追踪能力其实质是个体视觉注意集中能力（专注力）和抗外界干扰能力的体现。体育运动情境中，运动员必须排除一切外界干扰，全神贯注于运动竞赛任务（如表 5-3 所示）。其中，视觉运动追踪单目标（乒乓球、网球、羽毛球、射击、射箭等）和多目标（足球、篮球、排球、冰球等），并对目标的空间位置、接触时间、运动速度、运动轨迹以及运动物体的身份信息等进行加工和预测，做出合理、优化的运动决策是体育运动情境中极其常见的情境任务[207]。目前能在运动视觉训练和测试中得到应用的设备有韦恩扫描注视器、频闪观测仪、耐克蒸汽闪光灯眼镜，这在一定程度上提高了运动视觉测试和选材的科学性和规范性。

表 5-3 不同运动项目的视觉能力重要性评分

Sports	Static visual acuity 静态视力	Dynamic Visual acuity 动态视力	Eye movement 眼球运动	Visual Focus 视觉聚焦	Depth perception 深度感知	Hand-eye Coordination 手眼协调	Peripheral Awareness 周边视觉	Visualization 视觉化
Archery 射箭	4	1	3	3	2	5	5	2
Baseball 排球	4	5	5	5	5	5	5	5
Basketball 篮球	3	3	4	3	5	5	5	5
Football 足球	4	5	5	3	5	5	5	5
Tennis 网球	4	5	5	5	5	5	5	5
Hockey 曲棍球	4	5	5	5	5	5	5	5
Bowling 保龄球	2	1	3	2	3	1	5	4
Backs squash 垒球	4	5	5	4	5	5	4	5
Gymnastics 体操	1	3	3	3	3	5	5	5
Boxing 拳击	2	5	5	3	3	3	5	4
Skiing 滑雪	5	5	5	3	5	5	5	5
Swimming 游泳	1	1	1	1	1	1	4	4
High jump 跳高	1	3	3	3	4	4	4	2
Racing 赛马	5	5	3	3	5	4	5	5
Race 赛跑	1	1	2	1	1	3	1	4
Pole vault 撑竿跳	1	3	3	3	5	4	5	4

资料来源：美国视力鉴定师协会（AOA），评分重要性从 1~5 依此增加

2. 转项选材

2018年9月5日，在《2022年北京冬奥会参赛实施纲要》中明确提出了三个"全面"的目标：全面参赛，就是对标北京冬奥会109个小项全面建队、全项参赛，激励运动员、教练员以决战决胜的姿态打好每一场积分赛、资格赛，力争在整个冬奥会过程中，尽最大努力调动一切资源，力争冰上项目跃上新台阶，雪上项目实现新突破，让更多冰雪项目刷新历史、实现奖牌乃至金牌的突破；全面带动，就是要通过高水平冰雪竞技的观感享受、优秀运动员的魅力展示，以激发越来越多的群众特别是青少年参与冰雪运动的积极性和热情，充分享受其带来的健康和欢乐。

雪车、钢架雪车和雪橇正是中国国家队从未参加过的冬奥运动项目，共计10个小项。在这3个项目上取得历史性突破，面临的不仅是训练场地短缺和训练经验空白，还有如何在有限的时间内组建一支参赛队伍。很显然，按照传统的选材模式与方法（"基层—省市—国家"逐层的三级选拔与培养）不能迅速地解决雪车、钢架雪车和雪橇发展空白的问题。于是，我们借鉴英国和澳大利亚的"转项选材"（如图5-1所示），转项选材是英文 talent transfer 或 talent recycling 的中文意译，其直译意思为天赋运动员的转移或重复利用[208]。参加2010年温哥华冬奥会的澳大利亚雪车运动员均来自转项选材。

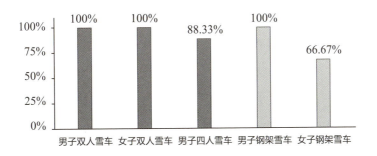

图5-1 平昌冬奥会雪车和钢架雪车项目前三名运动员转项百分比[211]

转项选材是指以培养运动员快速达到世界水平（参赛或夺牌）为目的，从其他运动项目中选拔已经达到一定训练水平的，且具有新项目所需的先天能力和/或后天经验（如技能和心理能力）的运动员从事一个新的运动项目，并为这些运动员提供政策、训练、科研、教育、生活等全方位保障的一个有组织的选拔和培养过程[209]。科林斯（Collins）等人对美国和加拿大参加2010年和2012年奥运会的运动员进行了问卷调查，结果发现，夏季和冬季项目中分别有5%~6%和8.9%~10.9%的运动员有转项成功（如表5-4所示）的经历[210]。

表5-4 部分体育大国2010、2012年奥运会参赛人数和转项人数统计[210]

国家	2012年伦敦奥运会			2010温哥华冬奥会		
	参赛人数（人）	转项人数（人）	转项比例（%）	参赛人数（人）	转项人数（人）	转项比例（%）
英国	541	38	7	52	12	23.1
澳大利亚	410	21	5.1	49	13	26.5
美国	530	32	6	224	20	8.9
加拿大	281	14	5	220	24	10.9

资料来源：[239] 参赛人数包括转项人数，转项的标准为在转项前和转项后的运动项目上都达到了≥省队（洲）的水平

在体育运动中，大量资源致力于培养运动员，尤其是培养优秀运动员。据估计，获得1枚奥运金牌所需的支出经费约为3 700万澳元[212]，但是，许多选材出来的运动员无法发挥潜能，这引发了有关如何最有效地利用资源以确保最佳的人才培养，达到最终成功的目的。在伦敦奥运会期间，英国仅运动人才培养投资就超过2.64亿英镑，2016年里约奥运会人才投资升至3.55亿英镑。其中"转项选材计划"作为一个子领域进行了专门研究，七项全能

运动员利齐（Lizzy）在参加英国体育局组织的"Girls for Gold"转项选材计划后获得索契和平昌冬奥会女子钢架雪车冠军，成为英国实施转项选材计划以来最为成功的案例。英国体育学院特别任命了一批"人才科学家"选拔和招聘转项运动员，并成立了一门专门为此服务的学科。英国转项选材自实施之初就采用多学科测试评价与主观分析相结合的选材方法，在传统选材的形态测量学、生理机能和身体素质等指标基础上，依次经过招募、测试和试训3个阶段着重分析运动员的训练和比赛经历、心理特征、专项训练环境适应性[213]。

目前，英国、加拿大、澳大利亚和美国等竞技体育发达国家，已从国家层面分别制定了选材和才能发展相结合的实践操作模型和战略发展规划，包括英国的运动人才识别与发展（Talent identification and development，TID）模型、加拿大的长期运动发展模型（Long Term Athlete Development，LTAD）、澳大利亚的人才再利用（Talent Recycling）和美国女足的选材与发展循环模型[214]。

从表5-5中可以看出转项在体育大国中确实存在，但不是主要的选材手

表5-5 冬奥冰道滑降项目（雪车、钢架雪车、雪橇）转项成功案例

运动员	国家	转项前项目	转项前水平	转项后项目	转项后水平
Eddie Eagan	美国	轻量级拳击	1920年奥运会1金	4人雪车	1932年奥运会冠军
Willie Davenport	美国	110m跨栏	1964年奥运会1金 1976年奥运会1铜	4人雪车	1980年奥运会第12
Vonetta Flowers	美国	跳远	—	2人雪车	2002年奥运会冠军
耿文强	中国	跳远	—	钢架雪车	2018年奥运会第13
Lizzy Yarnold	英国	七项全能	—	钢架雪车	2014、2018年奥运会冠军

资料来源：国际雪车联合会官网和维基百科

段。此外，冬奥转项选材的比例高于夏奥转项选材的比例，且夏奥转项选材比例在有组织与无组织转项选材的国家中差异并不大。参与转项选材人群的年龄主要集中在19岁，其次是16岁，48.4%的人群来自16~21岁。

有些看似不同的运动项目，其实它们不仅在竞赛上存在着一定相似性，在运动员基本动作模式、能量代谢特征、身体形态和运动素质等方面也存在内在联系，这些都为转项训练参赛取得成功提供了基础，但是，转项选材也要遵循选材规律，根据项目的特点、发展趋势、竞技能力要求和成才规律选拔运动员，要体现"选育结合"，通过"筛选、训练、再筛选、再训练"的过程去认识、发现和确定有天赋的运动员[215]。

科林斯（Collins）对4名从事体育科学15年以上并具有转项选材经验的研究人员采用半结构化访谈的定性方法，通过对基本动作模式、能量代谢系统、身体形态和竞技能力特征4个方面的考量评分，统计结果发现，他们认为短跑转雪车和体操转跳水是迁移价值及成功概率最高的转项（平均分8.25分，满分10分），冰球转速度滑冰排第三（平均分8分）。此外，研究人员认为有效的技能迁移是保证转项成才的必要条件之一。值得注意的是转项选材涉及转入和转出2个项目，雪车、钢架雪车和雪橇在转项选材转入运动项目排名中分列第1、8、19位，转出运动项目最多的是力量、爆发力和速度兼备的短跑项目（如图5-2，图5-3所示）。

当然选材中的人体形态、生理机能和身体素质测试是必不可少的[216]。除了身体因素之外，体育研究者还把心理学作为运动成功的关键要素，但在选材的真正实施过程中往往忽略了运动员心理状况因素。麦克纳马拉（MacNamara）和科林斯（Collins）[217、218]的研究进一步证实了心理因素的重要性。通过对7名世界顶尖的成功转项运动员就"如何看待转项成功"这一问题进行访谈后发现，他们的成功主要归因于心理行为和环境因素，而绝不是单纯依赖人体测量学和技能水平。英国学者采用循证医学方法对转项精英

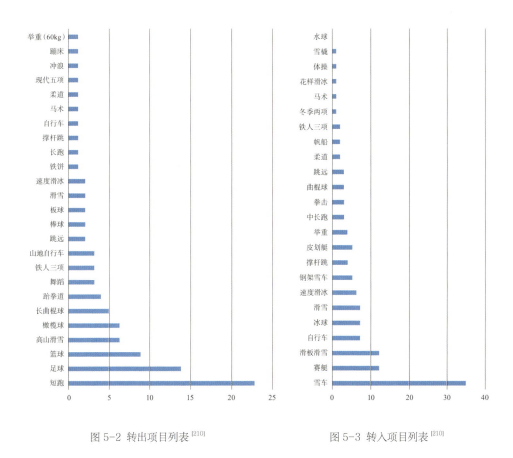

图 5-2 转出项目列表[210]　　　　图 5-3 转入项目列表[210]

运动员的心理机制进行实证研究,认为心理发展指标的重要性远大于竞技能力发展指标,关系到运动员转项后自我效能感的提升与参赛心理的把控[219]。

(二)队伍运行

冬奥冰道滑降项目运动员主要集中在欧洲和北美洲(87%),世界其他地区(13%)开展程度较低(如图5-4所示)。亚洲作为人口最多的洲,冬奥冰道滑降项目运动员数量仅为欧洲和北美洲的1/9,主要是受经济条件、自然地理环境和文化观念的影响，较少运动员有条件或者愿意尝试风险较高的运动项目。截至2020年，亚洲地区完整参加过雪车、钢架雪车和雪橇3个项目的国家也只有日本、韩国和中国，而且均是以本国举办冬奥会为契机组建的国家队。德国、加拿大、英国之所以成为冬奥冰道滑降项目大国，源自冬季项目的普及度、后备力量充足、梯队建设完善。如加拿大雪橇队推崇的长期运动发展模型（Long Term Athlete Development，LTAD），给青少年运动员提供优秀的教练员，标准的比赛赛道，丰富的比赛机会，最大程度地挖掘青少年运动员潜能，在2018年平昌冬奥会上，加拿大雪橇队取得了1银1铜的好成绩。值得借鉴的是英国大力开展的跨项选材，继2008年提出的"Girls for Gold"钢架雪车跨项选材政策（申请标准：17~25岁；女性；健康、强壮、爆发力强，心理强大并具有竞争力；参加过地区性比赛）后，英国体育局于2014年再次提出"Power to Podium: Skeleton"跨项选材政策（申请标准：17~25岁；参加过地区比赛；不需要具备钢架雪车训练经历），也正是在钢架雪车项目上的大力支持，才出现了利齐在参加英国体育局组织的"Girls for Gold"跨项选材计划后连续夺得索契和平昌冬奥会女子钢架雪车冠军的成功案例。

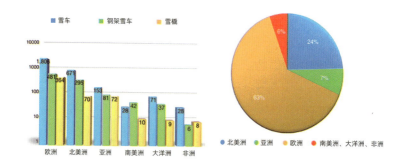

图5-4 各大洲雪车、钢架雪车和雪橇运动员数量及分布情况

培养一名优秀的"车橇"运动员，需在不同赛道至少有上千次滑行的经历。因提高滑行技术的需要，且2022年北京冬奥会的雪车、雪橇赛道正在修建中，冬奥冰道滑降项目的3支国家队每年秋冬季节都要前往欧美国家从事滑行训练和参加比赛。驻足同一赛道训练的时间一般不超过3周，停留时间过久，运动员易对赛道产生"视觉疲劳"，降低训练质量，而辗转不同地区，频繁的车辆运输、人员旅途劳累、吃住开销成了队伍运行管理的难点。尤其是在建队初期，运动员只能算是国家预备队员，因为项目的生疏与风险，必定会淘汰掉部分队员，队内会出现强强组合、不愿意帮助技术掌握较慢的队员的情况，需要全队工作人员的努力而非依赖教练员的疏导。中国开始系统接触、学习并组建冬奥滑降项目国家队已有4年多时间，因历史原因国内尚无可教授专项的教练员，3支队伍均聘请了多名外籍教练员。克服语言、文化观念、行事风格、训练康复理念的差异，是缺乏训练专业知识经验的工作人员、翻译每天都要遇到的实际问题，如何让外教与运动员之间准确表达自身感受和理解对方，避免重要信息传递的遗漏成为队伍管理的重点（如图5-5所示）。

依本人在中国国家雪车队执教经历，复合型团队的作用日益凸显，从运动员训练安排、负荷监控，到运动技术分析、体能训练、营养膳食、心理辅导等内容越来越丰富，高科技设备的引入也为科学训练提供了依据。自2008年备战北京奥运会以来，每年各国家队都会成立专门的体能团队，为运动员专项训练夯实基础，但大部分国家队都是将运动员的体能工作从完整的训练中剥离出来，由专属的体能教练带领，这只是训练上分工合作的一种表现而已。构建复合型团队应该以问题为导向，以共同进步为目标，协助主教练解决训练上出现的问题，提供准确的信息为训练提供参考。复合型团队要深入认识专项特征与制胜规律，与主教练有及时的沟通，对运动员有充分的了解。建立一支以主教练为核心，紧密围绕运动队，各学科齐备，既能发现问题也

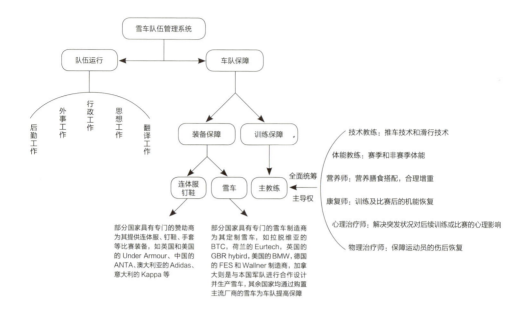

图 5-5 雪车队伍管理系统

能解决问题的复合型保障团队，有助于提高备战的有效性[220]。

  队伍的长期稳定运行不仅需要合理的管理，还需借助社会支持与企业赞助等。德国雪车队与全球知名车辆制造企业合作，在世界上率先实行了市场化、商业化，人员建制常年保持在 150 人左右，形成了完备的梯队建设。2018 年平昌冬奥会上，德国队"驾驶"FES 实验室为运动员量身定做的碳纤维增强复合材料雪车取得了 3 金 1 银的好成绩。加拿大国家队也与加拿大空军合作（如图 5-6 所示），在"车橇"外部涂层方面独辟蹊径，在 2018 年平昌冬奥会上，加拿大雪橇队取得了 1 银 1 铜的好成绩。在"科技助力冬奥"的大环境下，国内高校与航天研究所等科研单位在材料力学、空气动力学、车辆制造方面共同合作，以提高自主创新能力为支撑，以冬奥会重大需求为导向,通过器材设计与技术创新,建立我国雪车运动碳纤维器材装备的设计—研发—制造—评价及应用一体化平台，旨在突破碳纤维器材外形与结构设计、材料体系及成型工艺、成套工艺与装备、应用评价方法等共性关键技术，同步发展石墨烯、形状记忆等前沿新材料及 3D 打印的技术储备，确保我国雪车等项目能在 2022 年北京冬奥会占有一席之地。

图 5-6 加拿大雪车、雪橇设计师正在加拿大空军基地展示最终成果

随着全球爆发新型冠状病毒肺炎（COVID-19）疫情，国际奥委会与东京奥组委发表联合声明，第 32 届夏季奥运会将改期至 2021 年 7 月 23 日—8 月 8 日举行，许多冬奥项目的达标赛也相应延期。民众感受最深的是越来越多自己关心的赛事取消，体育产业遭遇"滑铁卢"。据英国商业研究公司数据，"2020 年全球原计划举办 49 803 项体育赛事，而到 2020 年 3 月底，原定于第 1 季度举行的 5 584 项体育赛事中已有 3 714 项被取消，取消率高达 67%"[221]。对教练员和运动员而言，奥运备战节奏被打乱、参赛预期落空，在心理上对运动员和教练员都造成了一定的消极影响。因防控疫情需要，绝大部分国家队运动员都在封闭式训练中度过了很长时间。封闭的环境，枯燥的训练，高强度的身体负荷，低落的心理情绪，社会支持的相对缺乏，奥运达标赛的取消，都可能引发心理疲劳，最明显的表现是训练的兴趣和动机下降，训练状

态疲沓，难以调动。在这种状态下训练，注意力不集中，容易引发运动损伤[222]。疫情爆发初期正好是国际雪车联合会和国际雪橇联合会举办赛事的密集期（世界杯、欧洲杯、北美杯等），也是运动员努力夺取更多奥运积分的最佳时期，但这些赛事的全部取消，导致奥运选拔方案产生了诸多不确定性因素，这一重大变动对一些年龄大的运动员可能冲击更大。

此刻，运动员自身应该做好情绪管理，如正念训练，回忆自己在赛场上的精彩瞬间，也可以通过与他人分享快乐和不开心的事，让开心翻倍，痛苦减半。作为教练员团队应该按照运动项目规律，结合疫情实际情况调整训练周期，做好奥运备战新计划，重新设定各阶段性目标。作为队伍的管理人员应寻求赞助商等社会支持，采取小规模或者网上测试赛的形式，检验阶段性训练成果。如美国职业篮球联赛将比赛地点迁至奥兰多迪士尼，从球员薪资问题、复赛赛程、疫情防范举措和电视转播等问题全方位考虑并解决。2020世界田径钻石联赛也以隔空比拼、线上直播的形式重映大家眼帘。6月12日，钻石联赛奥斯陆站进行了第一场隔空大赛，挪威的英格里格森三兄弟，对战远在肯尼亚内罗毕（Nyayo Stadium）的切鲁伊约特战队，两支队伍在两地同时发枪，通过视频连线，进行对决。

此次，全球疫情也让国家队的运动员、教练员和管理人员深刻意识到如何加强应对类似的全球性突发事件，以最小程度的损失去面对最艰巨的挑战，也让大家知道了队伍运行与管理的诸多不确定性因素。

二、膳食与营养

（一）体重的优势

在雪车发展之初，可容纳乘员为 5 人，包括 3 男 2 女，到 20 世纪初，雪车规则更改为只允许男子参加，且人员数减至 4 人。当时，对项目几乎不存在任何规则限制，德国队凭借"胖子"组合赢得了 2 枚金牌，1952 年起，国际雪车联合会开始对人与雪车的总重量提出了明确的要求，雪车项目逐渐得到规范。为何国际雪车联合会要对运动员与雪车的总重量提出限制呢？我们可以把人与"车橇"想象成在斜坡上的滑块（如图 5-7 所示），进行力学分析。

在滑行阶段中，假设不同人与"车橇"在相同环境下风阻（$F_风$）和冰面的摩擦力（F_f）相同，则在初速度（V_0）相同的情况下，在相同的加速时间（t）内，滑行瞬间的速度受到人与"车橇"的重量（mg）影响，重量越大，则获得的加速度（a）越大，进而瞬间速度（Vt）越大。

由于在 t 时间，瞬间速度 Vt 只与 X 轴上的受力相关。因此，只分析 X 轴上的受力情况。根据牛顿第二定律，$F_x=ma_x$，即 $mg\sin\alpha - F_风 - F_f = ma_x$，且

$Ff = \mu FN = \mu mg\cos\alpha$。

所以 $mg\sin\alpha - F_风 - \mu mg\cos\alpha = ma_x$

则 $a_x = g\sin\alpha - \mu g\cos\alpha - \dfrac{F_风}{m}$

t 时间的瞬间速度 $V_t = V_0 + a_x t$，则 $V_t = V_0 + (g\sin\alpha - \mu g\cos\alpha - \dfrac{F_风}{m}) t$

由于 g=9.8N/kg 为常数，V_0，$F_风$，$\sin\alpha$ 和 $\cos\alpha$ 一定

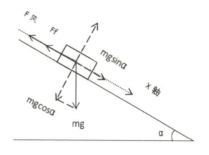

图 5-7 人与"车橇"在滑行中的受力图

则 m 越大，V_t 越大；m 越小，V_t 越小

因此通过增加体重，可以提升 t 时间的瞬间速度，速度越快，则滑行的时间越短。

（二）"有效"体重才是取胜的根本

体重较轻的运动员想弥补这种劣势需要在规则规定的重量范围内，给"车橇"添加配重或更换更重的"车橇"参加比赛，但依靠这种形式增加重量通常会出现以下问题：1）"小"人推"大"车，影响运动员在推车阶段的表现，进而影响最终比赛成绩；2）在雪车前部增加配重会增大车刃与冰面的摩擦作用力，在雪车后部增加配重，出现重心后移，转向时会造成雪车自转，导致转向困难；3）运动员在驾控更重的"车橇"时，每完成一次转向都需要更多的能量消耗。

我国运动员普遍存在速度能力强者体重不足（如图 5-8 所示），而体重达标者速度能力不出色的情况，除了在"选材"上下功夫，还需要增加运动员的"有效体重"来弥补体重不足的短板。运动员增长体重的重点不单纯是体重的增加，更重要的是运动员身体成分的优化组合与运动能力的提高。成功与否，单从体重的增减来评判是不科学的，应满足以下两个条件：1）采用科学、合理、合法的手段，在一定时间内将体重升到优秀运动员标准；2）"有

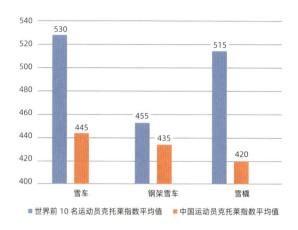

图 5-8 中国国家队与世界前 10 名运动员克托莱
指数（体重 kg/ 身高 cm×1）对比图

效体重"的增加，"有效体重"是指瘦体重或去脂体重（lean body mass），增加"有效体重"，即运动员在增加体重的同时力量、速度和爆发力等素质实现同步增长。

（三）人体必备营养素

雪车、钢架雪车和雪橇项目的增重作用同样不容小觑，只有每日摄入合理配比的食物（如图 5-9 所示），才能健康地增重。接下来我们来了解一下人体必备的营养素。

1. 蛋白质

蛋白质是一切生命的物质基础，正常成人体内，蛋白质含量 16%~20%，在体内蛋白质主要分布在血浆、内脏和骨骼肌组织中，其中，骨骼肌包含了身体总蛋白质的 65%。人体内的蛋白质始终处于不断分解与合成的动态平衡之中，不断地更新与修补人体组织蛋白和细胞。

2. 糖类（碳水化合物）

糖类是人体最重要的供能物质，能在任何场合参与三磷酸腺苷合成，人

图 5-9 合理膳食的配比图

体内总热能的 60~70% 来自食物中的糖类。糖类是机体最经济的供能物质，它比蛋白质和脂肪更易消化吸收，氧耗少，产热快，且在无氧情况下也能短时间供能。糖类的食物来源主要是含淀粉的谷类、薯类、根茎类食物、蔗糖、麦芽糖、果糖、水果和蔬菜等。

3. 脂肪

脂肪是能量的重要来源之一，人体所需总能量的 20~30% 由脂肪供给。具有保护和固定内脏，防止热量散失进而维持体温的作用。目前，健康饮食方式推荐适量摄入油脂，减少饱和脂肪酸和胆固醇比例，增加不饱和脂肪酸的比例，脂肪酸对细胞修复起到非常重要的作用，合理地摄入脂肪酸对运动员来说是必不可少的。

4. 水

水占人体体重的 50%~70%，是人体代谢化学反应的介质。主要功能包括：1）在人体中运输各种物质，包括营养素和代谢废物；2）调节体温；3）润滑肌肤和器官。中国营养学会膳食指南建议男性每天摄入 1 700ml 以上的饮用水，女性是 1 500ml。运动员应保持良好的水合状态，根据自身的训练负荷和热应激状态适时增加饮水量，运动时尽可能按照（0.5~2）L/h 的补液量进行多次补充，以将脱水量控制在体重的 2% 以下[223]。补水应采用少量多次原则，每次 200ml 左右。体内水分达到平衡时，可以保证进餐时消化液的充足分泌，增进食欲，帮助消化。一次性大量饮水会加重胃肠负担，稀释胃液，既降低了胃酸的杀菌作用，又会妨碍对食物的消化。早晨起床后空腹喝一杯水可降低血液黏度，增加循环血容量。睡觉前喝一杯水，有利于预防夜间血液黏稠度增加。

5. 矿物质

也称"无机盐"，除了人体含有的碳、氢、氧、氮等主要有机物外，剩余其他 60 多种元素统称为矿物质。骨骼、牙齿中含的钙，肌肉中的硫，神经组织中的磷，血红蛋白中的铁等元素，都是矿物质成分。此外，矿物质中的钠和钾具有维持体内电解质平衡与协助神经传导的作用。锌的主要生理作用是维持肌肉的正常代谢与功能，维持体内氧化与抗氧化的动态平衡，及时清除产生的自由基。

6. 维生素

维生素是维持人体生理功能正常运作不可或缺的一种低分子有机化合物，可分为水溶性维生素（B、C）和脂溶性维生素（A、D、E、K）。维生素 C 能促进铁离子的吸收，具有抗氧化、提高免疫力和胶原蛋白修复等作用，有助于提高运动员在高强度训练或比赛中恢复体能；维生素 D 可以促进钙离子的吸收和骨骼的生长，还可以促进睾酮的合成，增强肌肉力量表现。

7. 膳食纤维

有学者将膳食纤维列为第七大营养素，膳食纤维既不能被胃肠道消化吸

收也不参加供能,但在人体内发挥着重要的生理作用。膳食纤维能软化肠内物质,刺激胃壁蠕动,辅助排便,并能降低血液中胆固醇和葡萄糖的吸收。

(四)运动训练中的营养因素

食物所含的七类营养素中,能为人体提供能量的是糖类、脂肪和蛋白质,同时这三类物质也是组织细胞的组成成分,水、无机盐、维生素和膳食纤维不能为人体提供能量。糖类是最主要的供能物质,人体进行各项生命活动所消耗的能量主要来自糖类的氧化分解,约占人体能量供应量的70%。脂肪也是重要的供能物质,但是人体内的大部分脂肪作为备用能源贮存在皮下等处,属于储备能源物质。蛋白质也能为生命活动提供一部分能量,但蛋白质主要是构成组织细胞的基本物质,是人体生长发育、组织更新的重要原料,也是生命活动调节的物质基础。运动员饮食的合理目标值应设定为:糖占总能量的55%,脂肪占25%,蛋白质占20%,此外,运动员应尽可能选择血糖指数低的糖和含低饱和脂肪酸的食物。假定运动员每天需摄入3 000千卡的能量,则运动员通过糖、脂肪和蛋白质摄入的能量分别为1 650千卡、750千卡和600千卡。

1. 糖

糖是运动中三磷酸腺苷的主要能量来源,主要以肌糖原和血糖的形式储存于机体中,其中血糖是脑细胞和中枢神经系统的主要能量来源,也是红细胞的唯一能量来源。血糖每天都在持续地被人体摄取和代谢,运动员在运动前15~45分钟应避免摄入高血糖指数(hyperglycemic index,GI)食物,因为GI越高,胰腺释放的胰岛素就越多,会降低血糖浓度,当血糖水平低于正常值时,会出现低血糖症。糖的主要食物来源于谷类食物、水果、果糖、蔬菜、甜点、蜂蜜和饮料等。为维持糖储备,运动员每天比相同体重的普通成人多消耗大约1 700千卡的糖。

2. 脂肪

安静状态下和中、低等强度运动时，消耗的能量多半来自脂肪酸的氧化。相较于糖的卡路里而言（约 4.2 千卡/克），1 克的脂肪可以产生大约 9.5 千卡的能量，然而，脂肪参与生成三磷酸腺苷时需多消耗 12% 的氧气，并且在高强度无氧运动时脂肪是无法作为底物被消耗的，其只有在高强度耐力运动中才能提供能量。脂肪的主要食物来源于肉类、奶及奶制品、鸡蛋和烹饪油。尽管过量摄入饱和脂肪酸会引发肥胖和心血管疾病，但脂肪不仅可为人体提供能量，还是神经组织、细胞膜和激素的重要组成成分。

3. 蛋白质

氨基酸是机体内细胞的主要组成成分，特别是在肌纤维中，肌动蛋白、肌凝蛋白微丝和它们的骨架蛋白连接物约占总细胞质量的 85%。此外，氨基酸还参与酶、线粒体、血红蛋白、抗体和激素的形成。由于蛋白质不能像脂肪一样储存在体内，因此蛋白质必须每天从食物中摄入。蛋白质由不同类型的氨基酸结合而成，约 20 种氨基酸参与蛋白质的合成，其中 9 种氨基酸为必需氨基酸（不能在体内合成，只能从食物中摄取）。鸡蛋、奶及奶制品、鱼和肉等食物富含这 9 种必需氨基酸。抗阻训练消耗的能量与其他形式的训练相比要低很多，但抗阻训练提升了收缩蛋白修复的转换速率和肌纤维的合成速率，进而使训练开始阶段机体对氨基酸的需求明显增加。肌肉蛋白的合成速率在 4 小时内显著增加，且达到峰值，是安静状态时合成速率的 2 倍多，可维持 36 小时以上。

（五）如何实现"有效"体重的增加

运动训练始终处于消耗（训练/比赛）—营养补充（膳食与营养）—休息（睡眠）—恢复（细胞修复、更替）这周而复始的循环之中，无论哪一环节出差错，运动员的运动能力不仅得不到提升，甚至适得其反。起初，运动队条件差和饮食观念落后，营养膳食方面得不到重视，随着科学研究的逐步深入，运动队不仅对一日三餐进行合理安排，还会依据项目特征和运动员个体差异提供营养补剂。

原则上，运动员的体重增加是通过能量正平衡实现的，保证日常摄入的能量大于每日所消耗的，造成热量盈余。值得注意的是，运动员增加体重的主要目标是增加瘦体重，同时尽可能避免体脂出现大幅度波动。

首先，增加食物的摄入总量，是确保满足实现热量盈余的基本要求，此外，还须摄入足够的优质蛋白质、维生素和矿物质，为肌肉合成提供原料。再者，运动训练（力量训练为主）消耗体能，帮助打开并扩大合成代谢窗口，经过机体充分的休息，加速肌肉修复和生长过程。适度进行有氧运动，激活脂肪氧化，促进体脂消耗，避免体脂增长。

训练配合适量的蛋白质摄入能让训练刺激和氨基酸的增加产生协同作用，从而促进肌肉蛋白质的净生长[224]。在实际力量训练中，要增加1kg瘦体重需要4 000~5 000kcal的热量，若每日额外摄入700~1 000kcal的能量，结合适量的营养补给和力量训练，可使瘦体重每周增长0.5~1.0kg。此外，24小时保持机体血糖水平的相对恒定是增长体重和保证训练质量的前提，应采用少食多餐，大强度训练前可食用能量棒或碳水化合物点心。

（六）现存饮食问题

目前我国运动员在饮食中普遍存在以下问题：

1. 缺乏优质的碳水化合物。不知何时起，白米饭已经是我们主要的主食，无论南北方，不管是居家饮食、饭馆还是运动员食堂。面条、花卷、馒头、面包也大都由精粮制作并且由于水源、土壤等原因，粮食的营养结构一定程度上被破坏。在同等重量、同样能量的前提下，五谷杂粮可提供相当于白米3倍以上的维生素B1、B2和钾、镁等矿物质，且膳食纤维含量更高，能改善肠道微生态环境。运动员在早餐可以选择麦片搭配鸡蛋、培根和牛奶，尽量少吃面条和馒头，在中、晚餐养成少吃白米饭，选用紫米饭或红薯等粗粮（如表5-6所示）代替。

表5-6 精粮、粗粮和杂粮的区别

粮食类别	种类	优点
精粮	加工后的成品粮，一般指面粉与大米等食粮	口感好、制作方便
粗粮	谷物类：玉米、小米、红米、黑米、紫米、荞麦/麦麸等。杂豆类：黄豆、青豆、芸豆、蚕豆、豌豆等。块茎类：红薯、山药、马铃薯等	粗粮加工过程简单，保存了许多细粮中没有的营养成分，淀粉、纤维素、矿物质，以及B族维生素含量丰富，改善心血管功能
杂粮	除水稻、小麦、玉米、大豆和薯类五大作物以外的粮豆作物。主要有：高粱、谷子、荞麦（甜荞、苦荞）、燕麦（莜麦）、大麦、糜子、黍子、薏仁、籽粒苋以及菜豆（芸豆）、绿豆、小豆（红小豆、赤豆）、蚕豆、豌豆、豇豆、小扁豆（兵豆）、黑豆等	膳食纤维的主要来源，具有大量能降低胆固醇、预防心血管等疾病的不饱和脂肪酸

2. 摄入蔬菜、水果分量及种类不够。《中国居民膳食指南》建议，成人每天应摄入200~400g水果，品种能够达到1~3种；蔬菜摄入量最少为300-500克（生重），种类颜色多样化，如绿叶菜可以搭配椒类、菌类、瓜类同食，这样营养更全面，摄取效果最佳。相比普通人，运动员的体能消耗大，所需营养素更多，因此，每天摄入的蔬菜和水果分量要大于普通人群。

3. 奶制品质量需改善。在现行生乳国标中，蛋白质达标值为2.8g/100g、菌落总数达标值为不超过200万个/mL（如图5-7所示），甚至低于1986年的旧版生乳国标，（在旧版中，生乳蛋白质达标值为2.95g/100g，菌落总数达标值为不超过50万个/mL），与西方牛乳业发达国家相比，仍存在相当的差距。

表 5-7 不同国家或地区标准中生乳理化指标的限量值[225]

国家或地区	蛋白质含量	菌落总数	体细胞数
美国	≥ 2.0%	≤ 10 万个 /ml	75 万个 /ml
加拿大	—	牛乳≤ 5 万 CFU/ml 羊乳≤ 5 万 CFU/ml	牛乳≤ 40 万个 /ml 羊乳≤ 150 万个 /ml
欧盟	≥ 2.9%	生牛乳≤ 10 万个 /ml 其他种类生乳≤ 150 万个 /ml	生牛乳≤ 10 万个 /ml
澳大利亚、新西兰	生乳≥ 3.5%	≤ 2.5 万 CFU/ml	生牛乳中体细胞数≤ 20 万个 /ml 其他种类的生乳体细胞数≤ 150 万个 /ml
中国	≥ 2.8g/100g	≤ 200 万 CFU/ml	—

在蛋白质含量方面，中国生乳国标的最低限制为 2.8g/100g，低于欧盟标准的 2.9g/100g 及澳洲、新西兰的 3.5g/100g，但高于美国的 2.0g/100g。蛋白质含量是一项衡量 100g 生乳中蛋白营养密度的指标，与牛奶的安全无关。菌落总数、体细胞数则是衡量生乳安全性的指标，过高会构成安全隐患。中国生乳现行国家标准为 200 万个 /ml，其他国家的生牛乳菌落总数均低于 10 万个 /ml。

受困于养殖技术和饲料结构问题，我国奶制品营养成分和安全指数均低于西方发达国家，国外运动员平时补充的奶制品在营养价值、安全性和便利性方面都更具优势。

4. 过于烦琐的烹饪方式破坏了食物营养成分。我国传统饮食文化追求"色、香、味、意、形、养"，即追求食材的颜色、香味、味道、意境、外形与营养，最值得重视的营养却排在末位。将食物做熟，可以帮助人体吸收和消化食物中更多的营养，比如，熟鸡蛋与生鸡蛋相比，蛋白质消化率高 180%。尽管烹制食材有助于消化和吸收，但过于烦琐的烹饪方式会严重破坏食物营养成分。如最常见的水煮，蔬菜本是维生素 C 的良好来源，而水煮的烹饪方式会导致大量的维生素 C 流失，因为维生素 C 是水溶性的，对热敏感，当在热水里煮的时候，很大一部分就会从蔬菜里被分离出来。维生素 B 也同样敏感，在硫胺素、烟酸和其他维生素 B 中，有高达 60% 的维生素可能会在炖肉和汁液流失时丢失。煎炸食物的危害更大，煎炸食材经高温煎炸后发热量高，植物油脂多，影响人体消化吸收，同时容易出现血液黏稠度上升，导致血液循环系统堵塞。目前，清蒸被认为是最佳烹饪方法之一，它能最大地保留食物中的营养物质，几乎对任何食物都适用，包括对热量和水敏感的水溶性维生素。几乎所有的烹饪方式，都会造成水溶性蛋白和水溶性维生素的流失，但蒸对其影响是最小的，通过蒸，植物中的芥子油、类胡萝卜素、叶酸、磺化烷和总抗氧化能力都有所提高[226]。

（七）有关运动营养相关建议

1. 膳食营养知信行问卷是一种评估营养教育及营养干预效果的有效测量工具[227]，运动队可通过膳食营养知信行问卷对运动员进行营养调查，发现膳食中存在的问题，依据运动员体重相关指标（去脂体重、肌肉含量、脂肪含量、水分含量），实施有效、合理的营养干预措施，已有运动队使用的人脸识别智慧食堂，使运动营养步入科学化轨道。

2. 雪车、钢架雪车和雪橇运动员的合理体重范围可用身体质量指数做参考。考虑到身体脂肪和肌肉骨骼对滑降项目运动员的影响，可用身体体积指数来衡量运动员的瘦体重，BVI 即身体总体积和腹部体积的比例[228]。BVI 可以通过空气置换体积描记法来计算，该方法根据腔室内压力的变化测定空气量，从而确定人体的体积，然后利用个体体重和体积来计算身体密度，最后计算体脂百分比和无脂肪比率（如图 5-10 所示）。如相同 BMI 指数的两名运动员，根据冬奥冰道滑降项目的项目特征和竞技能力需求，必定选择力量大、爆发力强、速度快的运动员，力量和速度又受肌纤维数量、类型和横断面积等因素的影响。尽管去脂体重、肌肉含量与无氧能力高度相关（r= 0.66~0.90）[229]，高比例的肌肉含量有利于运动员克服外界阻力做功，可是过分强调去脂体重而减少机体脂肪含量，也会增加机体代谢的紊乱[230]，尤其是在滑行过程中，无论是策略性的还是失误性的撞壁，脂肪不仅能帮助运动员保护内脏器官，还能起到缓冲作用，减少"车橇"过分偏移和速度损失。因此，雪车、钢架雪车和雪橇运动员应结合 BMI 和 BVI 指数进行饮食控制。

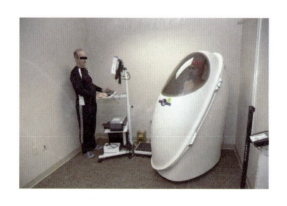

图 5-10 运动员正在通过空气置换体积描记法来计算体脂百分比

3. 在训练中，运动员对碳水化合物的补充非常重要，只有在摄入充足的碳水化合物的情况下，才能使体内的肝糖原、肌糖原和血糖恢复正常储备水平。在肌糖原耗尽的情况下，运动员不可能完成高强度、力量型和需要爆发力的训练或比赛[231]。运动员在平时的力量和滑行训练期间，可以吃一些碳水化合物含量高的食物，不仅可以延缓疲劳的发生，稀释血浆中的皮质醇浓度、儿茶酚胺、生长素、促肾上腺皮质素，还能降低运动诱导免疫抑制的程度[232]。

4. 改变运动员传统饮食习惯，增加平衡的混合膳食，包括肉类、主食、水果蔬菜及奶或豆制品等，不食多糖、多油和方便面、榨菜等食品，在蛋白质补充方面应选择生物活性和吸收速率更快的牛奶或乳清蛋白[233]。在 3 餐之间适当"加餐",通常选择在进行力量或滑行训练前进食香蕉、西红柿、全麦面包、燕麦片等容易消化吸收的食物,使运动员的血糖水平在一天内相对恒定、无过大起伏,将饮食与训练相结合,保证其充足的睡眠,使肌肉有效地增长,从而增加运动员"有效"体重,实现"补短"。冬奥冰道滑降运动员合理膳食指南如下:

(1)食物多样化,谷物类为主

(2)合理安排一日三餐及加餐

(3)多吃水果、蔬菜、豆类及其制品

(4)肉类食物适量、多吃水产品

(5)不吃或少吃油炸食物及方便食品

5. 一日三餐的配比需合理,通常早:中:晚 =3:4:3[234]。合理安排用餐时间,当训练与进餐时间较近时,建议采用高能量、高营养密度、体积不大、容易消化吸收的用餐模式,且用餐时间尽量在最佳恢复期内,这样才能利用机体快速合成的有利条件,达到事半功倍的效果。晚上加餐时间不要在睡前1小时进行,以免因饱腹感影响晚间睡眠质量。

6. 合理和适量使用营养补剂,能促进增重效应最大化。运动营养补剂的功效是多元的,既可以有针对性地补充运动员因剧烈运动消耗掉的体内营养素(如蛋白粉),还能加快身体新陈代谢速度,加快机体对运动代谢终产物的清除,促进体内能量物质的恢复,增强机体的免疫力,稳定内环境,调节各器官系统功能[235]。

三、运动损伤与心理调节

冬奥冰道滑降项目在竞技过程中无身体接触，具有间接对抗的特点，但对体能和技术要求高，运动员无论是在启动阶段还是滑行阶段出现失误均会导致不同程度的运动损伤。最为严重的当属2010年温哥华冬奥会赛前的一次训练中，格鲁吉亚雪橇运动员在惠斯勒赛道第16个弯道处以接近145km/h的速度飞出了赛道，最终不治身亡。

（一）冬奥冰道滑降项目运动损伤特点

国际奥委会医学委员会报道称，在2006年都灵冬奥会参赛的运动员中，雪车、短道速滑、自由式滑雪、冰球和单板滑雪项目的受伤风险最高，每个运动项目中有15%~35%的运动员在训练或比赛期间出现受伤情况[236]。斯蒂芬（Steffen）等人在2010年温哥华冬奥会期间对所有参赛运动员比赛或训练期间运动损伤发生率进行调查后发现，雪车属于损伤高发项目群之一（15%~35%），钢架雪车属于损伤中发(中等发生率)项目群之一（10%~15%），雪橇属于损伤低发项目群之一（小于5%）[237]。2014年索契冬奥会时，钢架雪车也被列入了雪车等损伤高发项目群中，而雪橇仍属于损伤低发项目群之一[238]。

2016—2017赛季，是中国国家雪车队建队的第2年，部分运动员已经具备参加IBSF举办的国际赛事能力和资格，但由于体能储备和滑行经验不足，舵手和刹车手的默契问题等原因，几乎所有运动员都有不同程度的受伤。雪车运动员训练过程中受伤多为软组织冲击伤、擦伤、挫伤，肌肉扭伤和拉伤，其中各种擦伤、挫伤发生率约占90%[239]。受伤部位集中在颈、肩、腰、背、大小腿和足（如表5-8所示）。出现严重的损伤包括：轻微脑震荡、锁骨骨折、颈椎骨骨折、肋骨严重挫伤、颈椎严重挫伤，累计重伤7人。随着技术的逐步掌握和体能水平的稳固提升，雪车运动员出现翻车等严重失误的次数越来越少，严重损伤次数下降。随着北京冬奥会临近，比赛训练任务加重，体能训练强度加大，内容多样化，运动员出现一些腕、指关节等先前未出现的损伤情况。

表5-8 2019—2020赛季雪车队损伤部位统计

损伤部位	大腿	肩	颈	上臂	手指	腕	膝	小腿	腰	足	合计
累计人次	9	2	3	1	1	1	2	1	16	3	39
百分比%	23	5.1	7.6	2.5	2.5	2.5	5.1	2.5	41	7.6	100

资料来源：中国雪车队访谈结果

钢架雪车运动损伤情况与雪车类似，但腰部的损伤率会相对低一些，雪车运动员腰部损伤主要由腰部大强度力量训练后肌肉劳损和搬运雪车等重物时的姿势不正确导致，钢架雪车比赛时用橇重量在33~43kg（男）和29~35kg（女），远轻于雪车重量。受专项特征影响，雪橇运动员更加注重上肢力量和爆发力训练，因此，受伤部位多集中在腰、背、肩、腕和手指。

此外，雪橇（钢架雪车）项目仰卧（俯卧）抬头的比赛姿势会带来赛后头痛的副作用。美国普林斯顿大学的神经学副主任威廉（William）表示头部疼痛是雪橇和钢架雪车运动员的通病，主要原因是保持颈部用力所带来的紧绷感和高速通过弯道带来的约5G的离心作用力，在受到不平坦赛道上颠簸时疼痛加剧。马拉利（Mullally）对8位美国国家雪橇队队员调查后发现，头疼情况在比赛的前期就已经出现，并随着速度的增加或者赛道的崎岖不平变得愈加强烈。

（二）运动损伤的预防

运动损伤是指运动主体在运动过程中所产生的损伤。运动过程中所造成的损伤，大多与动作技术、运动环境、训练水平等因素有关[240]。运动损伤对于运动员来说，不仅影响其运动训练及运动表现，对其生理、心理也会产生一定的负面影响，再次发生运动损伤的风险也会大大提高，做好运动损伤预防至关重要。目前有关运动损伤预防的措施主要包括筛查（诊断）、辅助、强化和拉伸。

功能性动作筛查是一种含7个基本动作的运动损伤发病率筛查测试方法，被广泛应用在康复治疗与运动训练领域，是一种简单实用的筛查方法，可及时发现运动员在完成基本动作时的功能障碍[241]。功能动作筛查对人体稳定性与灵活性方面的问题进行评估，能够通过纠正和强化训练降低运动损伤发病率。功能动作筛查分数越低，表明受试者身体功能性越差，运动损伤风险越高。

在运动过程中，维持关节稳定是预防韧带损伤的前提，为维持稳定，神经系统必须保持关节的稳定并调控肌肉活动范围和力度，随时应对外界的不稳定干扰。为预防神经肌肉控制不良而导致的组织损伤，人们可使用肌内效贴等辅助性工具。肌内效贴的主要功能包括：1）通过牵拉皮肤、增大皮肤和皮下结缔组织之间的细胞间隙来改善血液和淋巴循环，从而消除肿胀；2）通过增强较弱肌肉的肌力来促进关节和肌肉的调整和重新排列，从而支撑肌肉正常活动，同时可以帮助矫正姿势，改善肌肉收缩功能；3）可以抑制肌肉活动，减轻疲劳；4）通过降低痛觉感受器的压力来减轻疼痛；5）通过降低异常的肌张力，恢复关节半脱位，来恢复肌筋膜和肌肉功能；6）通过刺激皮肤机械刺激感受器来强化本体感觉[242、243]。值得注意的是，长期在运动训练中使用必要的防护护具或肌内效贴，人体极易形成对护具的过分依赖，这种心理上的依赖往往会弱化力量训练的效果，影响其力量水平的发展。

腘绳肌拉伤以及膝关节前交叉韧带损伤是足球、短跑及跳跃类项目运动员常见的运动性损伤。腘绳肌与股四头肌的肌力失衡是诱发腘绳肌运动性拉伤以及膝关节前交叉韧带损伤的重要因素[244]。在膝关节完成伸展的运动过程中，腘绳肌离心收缩产生的肌力主要用于缓冲股四头肌向心收缩肌力以及下肢的运动惯性力量，限制膝关节超出生理幅度范围过度地伸展，从而保持膝关节在伸展运动过程中的稳定性。若腘绳肌离心收缩力矩与股四头肌向心收缩力矩的比值失衡，腘绳肌离心收缩肌力薄弱，腘绳肌离心收缩肌力抵抗不了股四头肌向心收缩肌力以及下肢的运动惯性力量[245]，则容易导致腘绳肌运动性拉伤和膝关节前交叉韧带损伤的发生，进而影响膝关节在运动中的稳定性。

腘绳肌运动性拉伤常发生在膝关节伸展的末尾阶段，此时腘绳肌做最大离心收缩。预防方面，"腘绳肌离心收缩峰力矩/股四头肌向心收缩峰力矩"比"腘绳肌向心收缩峰力矩/股四头肌向心收缩峰力矩"更具有科学的诊断价值和应用。"腘绳肌向心收缩峰力矩/股四头肌向心收缩峰力矩"应不低于0.6[246]，而"腘绳肌离心收缩峰力矩/股四头肌向心收缩峰力矩"则不低于1[247]。教练员施教方案的设计与安排从科学依据入手，训练科学化水平才会实质性提高，这样才能有效地预防腘绳肌在运动中的非接触性拉伤及膝关节前交叉韧带损伤。

人体的核心区主要是指脊柱和骨盆及其周围的肌肉群所构成的区域。当人体做功时，即身体发力过程中，力量会在机体的核心肌群进行积蓄、传送，最终到达全身各处[248]。核心区稳定性是指在人体运动中控制骨盆和躯干肌肉的能力，可为机体提供稳定的受力点，同时为机体活动提供动能，让核心区肌群在机体运动过程中表现出有序、协调、灵活和可控[249]。核心区稳定性训练是通过调节神经—肌肉控制系统来加强机体局部和整体的稳定性、协调性，并有利于力量的转移和相关肌肉纤维的激活，从而使肌肉的力量得以恢复、耐力得以保持，使肢体关节适应力量发生快速变化，保持关节的动态稳定性，为避免运动损伤提供了强有力的支撑[250]。

拉伸练习是运动员训练或比赛前热身和赛后整理活动中常用的手段，常见的拉伸练习包括静态牵拉、动态牵拉、弹振式拉伸和本体感觉神经肌肉促进（proprioceptive neuromuscular facilitation，PNF）牵拉。训练或赛前进行牵拉练习可以提升机体温度，降低肌肉的粘滞性，增加肌肉的弹性和延展性，改善关节活动度，避免运动过程中出现急性损伤。训练或赛前进行静态、弹振式和 PNF 拉伸对运动员的爆发力和力量有影响[251]，选择适宜的拉伸组合不仅可以避免运动能力的下降，还能有效预防运动损伤。

（三）运动损伤原因分析

雪车、钢架雪车和雪橇训练内容主要有启动训练、滑行训练和身体训练，其中启动训练是指在专门的冰道或者轨道上进行推车启动、奔跑和跳"车橇"练习（雪橇是"推拉"把手和手指扒地）；滑行训练以实际赛道滑行为主、模拟驾驶为辅；身体训练与其他体能主导类速度力量型项目类似，不同点在于冬奥冰道滑降项目运动员需要的能力是要在克服车辆自重阻力的情况下将自身快速推进的能力[252]。赛季期间长期连续辗转不同国家和非赛季期间的强化体能，必然会导致运动员身心俱疲。训练团队须及时对训练和比赛中出现的损伤进行处理和康复，并对不同损伤部位和原因进行归纳总结，力求运动员以健康的身体状态投入到训练和比赛，是取得理想成绩的重要前提。

● **启动训练中损伤原因分析**

雪车运动员需要克服大重量的雪车快速启动，钢架雪车则要求运动员俯身推车达到最快启动速度，这容易导致运动员大腿后群和髂腰肌拉伤。运动员在连续快速跑动过程中需借助膝关节进行反复屈伸运动。膝关节在快速伸展过程中，腘绳肌做最大离心收缩，主要功能是缓冲股四头肌向心收缩肌力以及下肢运动的惯性力量，避免膝关节过度伸展。腘绳肌与股四头肌的肌力失衡是诱发腘绳肌拉伤以及膝关节前交叉韧带损伤的重要因素[253]。腘绳肌在摆动末期和支撑前期处于较大程度拉伸且应力值高，在摆动中期的屈髋伸膝阶段快速做负功，易被拉伤[254]。

髂腰肌由腰大肌和髂肌组成，其作用是使髋关节前屈、旋外和维持腰椎前凸；下肢固定时，可使躯干和骨盆前屈，近侧支撑时能使髋关节屈曲，其远侧支撑时能够使得脊柱（以腰椎为主）前屈和骨盆倾斜。雪车运动员在推"车橇"训练过程中，由于大腿迅速前摆和提拉，髂腰肌过度收缩会导致慢性疲劳，出现腰痛问题。多数钢架雪车运动员为提高推车启动速度，会放弃更加稳定的双手推车而选择单手推车技术，该推车动作会产生脊柱侧倾，无形中增加髂腰肌压力。雪橇运动员以坐姿的预备姿态，在完成"推拉"动作后迅速扒地加速，这对肩关节提出较高的灵活性、稳定性和速度力量要求，长期反复的启动训练容易造成肩袖损伤。肩袖是肩关节内四根肌腱（冈上肌、冈下肌、小圆肌、肩胛下肌）的统称，它们呈袖套状包绕肱骨头。肩袖位于肩峰和肱骨头之间，主要功能是帮助肩关节稳定与运动，保护肱骨头不受三角肌牵拉上移，避免与肩峰产生撞击。产生肩袖损伤分为急性撕裂伤和慢性劳损伤2种。在高速的扒地加速过程中，运动员如遇"车橇"翻倒，极易造成肩袖急性撕裂（如图5-11所示）；在旋内的基础上长期反复、迅速用力地屈伸肩关节容易导致肩袖慢性劳损。

● **滑行训练中损伤原因分析**

滑行阶段对运动员无论是掌舵方面还是对抗离心作用的能力都提出了高要求，即使是细微的失误如不能及时弥补就会出现出辙和翻车。冬奥冰道

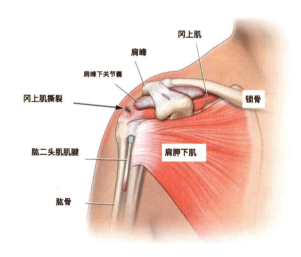

图 5-11 肩袖损伤（冈上肌撕裂）

滑降项目运动员可以说是在跌跌撞撞的过程中不断积累经验和吸取教训。最严重的损伤如脑震荡、颈椎和肋骨骨折也都是在滑行过程中出现的，主要原因包括：

1）中枢神经系统的疲劳导致中枢机能的下降，包括注意力控制、认知及反应能力；

2）视觉协调、手眼协调、视觉追踪无法在高速滑行中正常、高效地被执行；

3）颈部力量不足以对抗高速过弯产生的强大离心作用力。

神经学家利文斯顿（Livingstone）认为钢架雪车和雪橇所带来的头疼和其他由运动所诱导产生的血管性头痛很相似，是一种指头部血管舒缩功能障碍及大脑皮层功能失调，或某些体液物质暂时性改变所引起的临床综合征[255]。血管扩张和收缩是头痛的一部分，而不是真正的原因。更确切地说，他们赞同最近较为兴盛的神经基因理论，即导致雪橇运动员头疼的原因是劳累性和偏头痛（与较旧的血管理论不同，后者认为扩张和收缩是主要原因）。神经

学说表明，头疼症状会由于单胺能系统（属于化学物质的单胺类神经递质组成的系统）中某些介质的紊乱而加剧。在一篇关于运动诱导产生头痛的论文中，马拉利（Mullally）假设："运动引起的头痛是由于中枢单胺能系统的刺激引起的，从而导致在单胺的传导途径中，单胺传递的增强或减少。"不同的运动可以不同程度地影响神经通路，在雪橇和钢架雪车运动中，颈椎的持续弯曲，以及滑行时的颠簸，会对颈椎的神经通路产生影响[256]。

- **其他损伤原因**

不同厂商生产的"车橇"，在驾驶感受、舒适度和动态反馈方面都会有所不同，尤其是雪车造价昂贵，运动员不可能在训练和比赛中都使用同一辆车，在训练中往往由低价的雪车或训练车代替，在非赛季结束后舵手需花数十次滑行来重新适应比赛车辆。钢架雪车和雪橇的比赛用橇相对便宜，但不同赛道对"车橇"的整体框架和刃的松紧度要求也不同，运动员每到一站比赛都需重新调整"车橇"框架和刃的松紧度，往往新手运动员会忽略这一点。此外，无论是训练还是比赛，运动员都应该穿戴紧身衣、头盔和专用钉鞋，紧身衣的减阻、促进组织代谢和疲劳恢复等功效已经得到证实[257]。

看似60s左右的滑行用时不长，但对运动员的中枢神经系统影响很大，国际雪车联合会对滑行的次数（冬奥会和世锦赛4轮，其余赛事2轮）规定也是出于对运动员的神经疲劳而考虑。运动员在训练过程中出现翻车事故会对滑行训练产生心理阴影，导致判断犹豫迟缓，容易造成二次事故。此外，对赛道几何特征的不熟悉也是导致受伤的主要因素，运动员在赛前应珍惜官方提供的查道机会，牢记教练提出的滑行路线和赛道参考点。

（四）冬奥冰道滑降项目运动损伤的预防措施

除充分的准备活动和比赛器材的安全检查之外，充足的体能储备，合理规范的技术动作和及时的心理辅导是预防冬奥冰道滑降项目运动员损伤的主要措施。

1. 做好准备活动

在训练或比赛前,运动员可采用一系列亚极量强度的有氧运动、拉伸动作和专项练习进行积极的热身。经过 10~15 分钟的亚极量有氧运动(慢跑、骑自行车),肌肉温度将快速提升 2~3℃ [258],并达到平台期,因此,热身活动的时间应保持在 15~20 分钟以内。肌肉温度的升高可以通过增加力的发展速率和肌肉舒张速度以增加最大缩短速度和达到特定负荷的速度,进而表现出更大的力量和更快的速度。依据不同比赛场地条件,合理设计热身的强度和时间,以及借助保温紧身衣不仅能帮助奥运会级别运动员减少运动损伤,还能将推"车橇"表现提升 3.53% ± 0.61% [259]。运动员在赛前应进行动态拉伸,如果受场地制约,只能进行静态拉伸、弹振式拉伸或者 PNF 拉伸,接下来还需要进行几分钟的其他热身活动诸如连续原地跳跃,扶墙高抬腿等以消除静态牵拉、弹振式拉伸和本体感觉神经肌肉促进牵拉对运动能力造成的任何潜在负面影响 [260]。

2. 强化体能训练

雪车、钢架雪车和雪橇作为体能主导类速度力量型项目,要求运动员在位移过程中的能量输出功率大,具有较强的力量素质以及快速反应和快速动员的能力。在休赛季前期,应加强最大力量储备;休赛季中期,发展力的发展速率,将最大力量转化为快速力量;休赛季后期,将前中期的训练成果应用到专项推车训练中;速度训练则贯穿整个休赛季周期。

马拉利(Mullally)认为治疗钢架雪车和雪橇运动员头疼的手段包括颈部肌肉练习、抗组织胺药物治疗(抑制炎症分子产生的药物)或者是设计有效的颈部支架。非甾体抗炎药(Non-Steroidal Antiinflammatory Drugs,NSAIDs)可以预防或减轻头痛,对于奥运会选手来说是合法的,但是他们并不乐意吃药,因此,最主流的手段还是加强颈部力量训练。

3. 完善技术动作

运动员要反复观看世界优秀运动员在不同赛道滑行视频，观察其不同弯道的转向策略和路线的选择。在平时教练讲解技术动作时，及时记录，时常进行表象训练，脑海里模拟滑行训练，加深对教练提到的有关重、难点弯道出、入弯要求的印象。在平日训练结束后，备份教练或队员帮忙拍摄的滑行视频，随时思考如何纠正自己的错误。

4. 加强医学检查

加拿大雪车和钢架雪车组织在每年赛季前会对运动员进行针对脑震荡的临床基线评估（Baseline Clinical Assessment），主要内容包括：1）既往史调查；2）步态和平衡评估；3）眼动和前庭系统测试；4）在无干扰的环境中进行基于网络的神经认知/神经心理学评估；5）特定负荷下的运动反应与心率变异性。在训练或比赛中出现翻车事故后，运动员必须接受医务例行检查，以获得继续参加训练或比赛的授权认可。如果医务人员怀疑运动员出现脑震荡或其他严重损伤情况，有权禁止相关运动员继续参加训练或比赛。

5. 注重心理康复

医学治疗技术的进步缩短了运动损伤的物理康复时间，但当运动员身体已经痊愈准备重返赛场时，心理却可能未完全康复。心理康复的意义不仅仅是减少运动损伤的心理应激，帮助运动员尽早回归正常的训练和比赛，更重要的是帮助其提高自我控制能力和自信，促成良好的行为习惯，以平稳的心态参加训练和比赛。

（五）运动损伤的治疗

按照损伤发生的速度，运动损伤一般分为急性损伤和慢性损伤。急性损伤是指突然外力所造成即刻性的身体组织受损或损伤症状快速恶化。慢性损伤是指若干次微小损伤长期性积累，因为不产生疼痛或疼痛不明显，运动员往往容易忽视，当影响到运动表现或身体出现不适时才会被关注。运动员常见的损伤部位会因运动项目的不同而有所区别。目前世界上流行的手法治疗都是遵循肌筋膜学说理念，肌筋膜链又称肌筋膜经线。肌筋膜研究者根据身体结构的生物力学作用，将这些肌肉和筋膜当成一个整体来看待，再通过整体来分析它们的姿势功能和运动功能。肌筋膜经线（myofascial meridian）的概念是肌肉、韧带及其相关软组织按照特定的层次和方向，与肌筋膜直接相连，或通过力学方式间接相连，对维持身体姿态和产生动力起着重要作用[261]。"meridian"是"经线"的含义，与中医理论的经络不同，它指的是机体传递张力与拉力的力线。承载力的主体是围绕全身的肌筋膜，它犹如经纬线环绕地球，既可以定位结构，又能洞察人体动态的拉伸变化[262]。我们在分析肌肉的功能时，通常先从肌肉的起止点说起，再谈不同固定方式带来的运动形式。事实上，任何一个动作的产生，它都不是肌肉孤立运动的结果，至少有2组肌肉参与其中，即主动肌和拮抗肌。肌筋膜链的说法让我们从整体角度去思考问题，我们常常被疼痛点蒙蔽了双眼，因为一个部位的不适，完全可以通过筋膜链的力学作用引发其他部位的疼痛（图5-12所示）。比如，肩胛内侧沿疼痛，我们通常采取的策略是放松菱形肌，但在疼痛得到缓解后，不出几天疼痛又出现了。为什么呢？因为我们没有找出其中的主要原因——菱形肌酸痛是长期被拉伸的结果，我们放松它，只是增加了它的代偿能力，其真正的原因可能是前锯肌过于紧缩。所以我们不仅要安慰"受害者"，而且要找出"施害者"。

（六）心理训练与调节

心理训练是有目的、有计划地对受训者的心理过程和个性心理施加影响的过程。教练团队始终密切关注着运动员的运动训练过程，重视运动心理状况。

雪车、钢架雪车和雪橇运动员，尤其是即将在自家"门前"参加冬奥会的

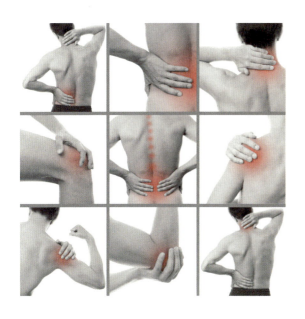

图 5-12 局部疼痛带来的连锁反应

运动员,多数出现"万一比砸了,怎么办?"的焦虑心理和"才建队几年,怎么能比得赢传承了近百年运动史的传统强国呢?"等不自信心理。常见的心理训练是放松训练和表象训练。放松训练是以一定的暗示语集中注意力,调节呼吸,使肌肉得到充分放松,从而调节中枢神经系统兴奋性的一种训练方法[263],主要作用是:降低中枢神经系统的兴奋性;降低由情绪紧张引起的过多能量消耗,使身心得到适当休息并加速疲劳的消除。表象训练是指学习和掌握有效进行运动表象的方法、步骤,提高运动表象的准确性、清晰性、完整性和可控性水平的过程[264],主要作用是:加快运动技能的掌握;演练运动战术;改善心理状态。

心理调节主要包括提升自信心、比赛心理定向、参赛目标设定和参赛心理预案设计。

1. 提升自信心

(1)积极语言暗示,内心自我嘀咕"别紧张""别受伤""注重过程,不要考虑结果"等消除内心恐惧的话语;

(2)回顾自己的高光时刻,人们总是乐意谈论自己出色的表现,在欢快的回忆中不知不觉地忘掉了赛前焦虑。

(3) 创设胜利时的比赛环境，比如自己在夺冠时，穿了双什么袜子或赛前听什么歌，在比赛当天也尽可能还原当时的比赛环境，给予外界环境正向信念，告诉自己上次能赢，这次我还能继续赢。

(4) 教练员要给予运动员充分的信任与鼓励，在起点时教练员可以采用共同喊口号的形式给运动员加油打气；在终点时教练员要主动认可运动员刚才的滑行表现，如遇失误也要及时安慰运动员。

2. 比赛心理定向

比赛心理定向是指比赛开始前及比赛过程中，运动员的心理准备状态和注意的指向性。运动员比赛心理定向支配着其比赛行为表现，进而直接影响比赛的发挥和比赛的结果。运动员在参赛前应尽可能放低姿态，以谦卑的心去创造奇迹。如能力不足者不能畏惧强敌，还没上场就惧怕失败；能力强者要脚踏实地完成教练布置的任务，不能骄傲自满，出现低级失误。

3. 参赛目标设定

参赛目标可以分为：短期目标和长期目标；困难目标和容易目标；行为目标和结果目标。对训练水平不高的运动员要注重行为目标的设定，结果目标的设定不要太高；目标应由运动员自己设定，对于没有经验或经验不足的运动员，可与教练共同商榷；设定目标既要有挑战性又要有可实现性。

4. 参赛心理预案设计

参赛心理预案是运动员根据比赛前和比赛中可能出现的各种情况，提前设计好相对应的应对措施，做到有备无患，主要内容包括：比较对手和自身的优劣势；提高睡眠质量；检查比赛装备；科学饮食；做好热身活动；进行积极的表象训练。

Chinese-English
冬奥冰道滑降项目术语
中英文对照表

赛道、场地设施术语中英文对照表

Ancillary Facilities	辅助设施	Artificial Track	人工赛道
Bends	弯道	Bumpers	（雪车）保险杠
Curve/Corner	弯道	Cushioning Device	缓冲装置
Deceleration Stretch	减速区	Finish	终点
Garage	车库	Gradient	梯度，坡度
Groove	出发冰槽	Guardrails in Bends	弯道护栏
Ice House	冰屋	Indoor training track	室内训练赛道
Lighting System	照明系统	Natural Track	天然赛道
Photoelectric Cell	光电元件	Push-off Stretch	推车加速区
Rail Push Track	陆地有轨推车道	Rubber Mats	橡胶垫
Sidewall	侧壁	Sled Storage	冰橇存放库
Solar and Weather Protection Devices	遮阳挡风装置	Start	起点
Start Block	出发板/抵趾板	Starting Area	出发区域
Stopping Stretch	终点区	Straights	直道
Timing System	计时系统	Track	赛道
Track Base	赛道底部	Trajectory	轨道
Vertical Drop	垂直落差	Video Camera	摄像机
Water-repellent	防水的	—	—

比赛器材、装备术语中英文对照表			
Bobsleigh/Bobsled	雪车	Brake	制动器/刹车
Carbon Fiber Pan	碳纤维底板	Cowling	整流罩
Elbow Pad	护肘	Electronic Timing System	光电计时设备
Fiberglass	玻璃纤维	Front Runners	前刃
Full-face Visor	全面罩头盔（钢架雪车头盔）	Gloves	手套
Goggles	护目镜	Helmet	头盔
Lever	杆	Padding	护具
Push-bars	推车把	Rear Runners	后刃
Runner	刃	Runner Cover/Runner Guard	刃套
Saddle	鞍座	Sandy Paper	砂纸
Scabbard	刃套	Shoulder Pad	护肩
Sled	雪橇/钢架雪车	Sled Stand	车橇支架
Speed Suit	连体服	Spikes	钉鞋
Steering Rings	舵绳上的圆环	Steering System	驾驶系统（雪车）
Steel Frame	钢制框架（钢架雪车）	Weight	车重/配重

技术动作术语中英文对照表

英文	中文	英文	中文
Accelerate	加速	Accident and Disability Insurance	意外及伤残保险
Add Ballast	增加配重	Aerodynamics	空气动力学
Balance	平衡	BMW IBSF World Cup	BMW 世界杯
Drive a Bobsled	驾驶雪车	Early/Middle/Late Entrance	早/中/晚入弯
Entrance/Exit	入/出弯	Find the Line	找到最佳路线
Fold the Handlebars down	折叠起推车把手	Frequency	步频
Head Control	控制头部	Hop in	跳上/蹬上（雪车、钢架雪车）
Land Simulation Exercises	陆地模拟练习	Oscillation	振荡
Parallel in	平行入弯	Push	推车
Push Start	推车启动	Roll	翻转
Run	轮次	Skidding	打滑
Shift Weight	转移重心	Slide Down	滑下
Sliding	滑行	Steer	操控方向
Steer to the Left	向左转向	Steer to the Right	向右转向
Steer up/down	向上/下滑行	Stride	步幅/步长
Squeeze	挤压发力	Track Walk	查道
Visualization	模拟滑行	Wave	起伏

竞赛组织与赛事术语中英文对照表

2-Heat Races	2轮次比赛	4-Heat Races	4轮次比赛
Anti–Doping Rules	反兴奋剂规则	Athlete Code of Conduct	运动员行为准则
Burden of Proof	举证责任	Brakeman	刹车手
Coach	教练	Consultation	协商
Cessation of the Race	比赛停止	Change of Runners	更换刃
Change of Sleds	更换"车橇"	Chief of Track	赛道主管
Change of Wights	更换配重	Doping Control	兴奋剂检查
Disqualification from Future Competitions	取消将来参赛资格	Disqualification from the Competition	取消参赛资格
Draw	抽签	Entry	（比赛）登记
Europe Cup	欧洲杯	European Championship	欧洲锦标赛
Final Judgments	最终判罚	Fine	罚款
General Regulations	通用规则	IBSF Executive Committee	国际雪车联合会执行委员会
IBSF International Jury License	国际雪车联合会国际裁判执照	IBSF Sanctioned Competition	国际雪车联合会许可的比赛
Inspect	检查	Interruption of the Race	比赛中断
Intercontinental Cup	洲际杯	International Material Controller License	材料检测员国际执照
International Material Controller License	材料检测员国际执照	Jury	裁判

竞赛组织与赛事术语中英文对照表

Jury Assistant	助理裁判	Jury License	裁判执照
Jury Members	裁判成员	Jury President	裁判长
Material Control	材料检测	Material Controller	材料检测员
Medical Check	医疗检查	North American Cup	北美杯
Parc Fermé	赛前封闭"车橇"检查区	Penalty	判罚
Physio	理疗师	Pilot	舵手
Pilot Sleds	试滑"车橇"	Protest	申辩/申诉
Pushman	推手	Race Director	赛事主管
Race Heats	（比赛）轮次	Record Holder	纪录保持者
Replacement Sled	备用"车橇"	Runner Builder	比赛用刃制造商
Sled Builder	"车橇"制造商	Start Record	出发时间记录
Start Number	出发号码	Starting Order	出发顺序
Suspension of Athletes	运动员停赛	Take Effect	生效
Team Captain	队长	Technical Delegates	技术代表
Temperature Check	（刃）温度测量	Track Record	赛道记录
Warning	警告	Weight Check	检查"车橇"重量
Withdrawal of the License	吊销资格	World Championships	世界锦标赛

References
参考文献

[1] 田麦久. 运动训练学词解 [M]. 北京：北京体育大学运动训练学教研室，2002：5.

[2] 黎涌明，邱俊强，徐飞，等. 奥运会运动员竞技表现提升的非训练类策略：基于国际创新成果与实践应用 [J]. 北京体育大学学报，2020，43 (4)：51-63.

[3] 林枫，江钟立. 网络思维：基于点线符号的认知图式和复杂性范式 [J]. 自然辩证法通讯，2011 (1)：29-30.

[4] 袁晓毅，李铁录，郭元奇. 论竞技能力系统结构的复杂性及其网络化思考 [J]. 北京体育大学学报，2014，37 (06)：114-119.

[5] BEARMAN P, MOODY J. Network and History [J]. Complexity, 2003, 8 (1): 61-70.

[6] 卢乐山，林崇德等. 中国学前教育百科全书·教育理论卷 [M]. 沈阳：沈阳出版社，1995.

[7] 石作砺，于葆. 运动解剖学. 运动医学大辞典 [M]. 北京：人民体育出版社，2.

[8] 李凯. "合金理论"初探——试论运动素质与运动能力的关系 [J]. 山东体育学院学报，2，(01)：1-4.

[9] 仇乃民. 竞技能力非线性系统理论与方法 [D]. 北京：北京体育大学，2012.

[10] THOMAS W M. 解剖列车：徒手与动作治疗的肌筋膜经线 [M]. 关玲，周维全，瓮长水，译. 北京：北京科学技术出版社，2016.

[11] Page P &Frank C. The Janda Approach to Chronic Musculoskeletal Pain. www.jblearning.com/samples/0763732524/The%20Janda%20 Approach. doc Accessed 4/15/11.

[12] 薛玺情，马欣，李旭豪等. 国内经络实质假说的研究进展 [J]. 世界科学技术—中医药现代化，2020，22 (06)：2068—2073.

[13] Joseph Schwartz. The Master Template [EB/OL]. (2017-4-27) [2020-8-15]https：//dna-assessment. com/the-master-template/.

[14] 罗文轩，蔡秉洋，李佳玥等. 经筋学说与肌筋膜链理论相关性初探 [J]. 中医杂志，2020，61 (14)：1220-1224.

[15] JANDA V. The significance of muscular faulty posture as pathogenetic factor of vertebral disorders [J]. Arch. Phys. Ther. (Leipz), 1968, 20 (2): 113-116.

[16] JANDA V. What is the typical upright posture in man? [J]. Cas. Lek. Cesk, 1972, 111 (32): 748-750.

[17] JANDA V. Muscles and cervicogenic pain syndromes [M]. In：Grant, R.（Ed.）, Physical Therapy of the Cervical and Thoracic Spine. Churchill-Livingstone, New York, 1994, 195-216.

[18] 马思明，杨娜娜，范浩等. 美国SPARC计划对中医针灸研究的挑战与启发[J]. 中国针灸，2020，40（04）：439-442.

[19] 王列，马铁明，曹锐，等. 阿是穴与激痛点浅议[J]. 中医药导报，2016（20）：12-14.

[20] 克莱尔·戴维斯，安伯·戴维斯. 触发点疗法[M]. 黎娜，译. 北京：北京科学技术出版社，2018：10.

[21] UNVERZAGT C, BERGLUND K, THOMAS J J. Dry needling for myofascial trigger point pain：a clinical commentary [J]. Int J Sport Phys Ther, 2015, 10 (3)：402-418.

[22] 谢娇，吴安林，杨程，叶平，易灿辉，谭洁，李铁浪，李江山，彭亮. 论中医经筋学说与肌筋膜链理论的关联性[J]. 湖南中医杂志，2019，35（04）：113-114.

[23] 杜长亮，丁振峰. 竞技能力网络结构特征[J]. 体育科学，2012，32（10）：41-42.

[24] MACDOUGALL JD, WARD GR, SALE DG, et al. Biochemical adaptation of human skeletal muscle to heavy resistance training and immobilization [J]. n. J. Appl. Physiol, 1977, 43 (4)：700-703.

[25] TESCH PA. Skeletal muscle adaptation consequent to long-term heavy resistance exercise [J]. Med. Sci. Sports Exerc, 1988, 20 (5 Suppl)：S132-S134.

[26] KOMI P V. Strength and power in sport [M]. Oxford：Blackwell Science, 1992：381-395.

[27] 田麦久. 运动训练学[M]. 北京：人民体育出版社，2：122.

[28] 陈小平. 力量训练的发展动向与趋势[J]. 体育科学，2004，（09）：36-40.

[29] 陈小平. "神经支配能力"的训练——我国力量训练一个亟待解决的问题[J]. 中国体育教练员，2004（04）：25-26.

[30] STONE M H, KIM S, BRYANT HS, et al. Maximum Strength-Power-Performance Relationships in Collegiate Throwers [J]. Journal of Strength and Conditioning Research, 2003, 17 (4)：739-745.

[31] BAKER D G, NEWTON R U. Adaptations in upper-body maximal strength and power output resulting from long-term resistance training in experienced strength-power athletes [J]. Journal of Strength and Conditioning Research, 2006, 20 (3)：541-546.

[32] 宋娜梅，崔鑫，李冰琼. 最大力量与快速力量、功能性力量之间的实证探究——基于不同运动项目的测试[J]. 北京体育大学学报，2018，41（02）：109-114.

[33] STONE M H, SANDS W A, PIERCE K C, et al. Maximum strength and strength training

-A relationship to endurance [J]. National Strength and Conditioning Journal, 2006, 28: 44-53.

[34] MCGLYNN G H. The Relationship between Maximum Strength and Endurance of Individuals with Different Levels of Strength [J]. Research Quarterly. American Association for Health, Physical Education and Recreation, 1969, 40 (3): 529-535.

[35] YOUNG W B. Transfer of Strength and Power Training to Sports Performance [J]. International Journal of Sports Physiology and Performance, 2006, 1: 74-83.

[36] JOHN C, TERESA O, TRENT L, et al. Does Increasing Maximal Strength Improve Sprint Running Performance? [J]. Strength and Conditioning Journal, 2007, 29 (3): 86-95.

[37] 卢志泉, 夏正亮, 李玉章, 史芙英, 刘宇. 肌肉力量的神经生物力学基础及诊断 [J]. 上海体育学院学报, 2019, 43 (03): 113-120.

[38] DONOVAN C M, PAGLIASSOTTI M J. Endurance Training Enhances Lactate Clearance during Hyperlactatemia [J]. Am J Physiol, 1989, 257 (5): E782-789.

[39] BARKER D. Selecting the appropriate exercises and loads for speed-strength development [J]. Strength Cond Coach, 1995, 3: 8-14.

[40] MAFFIULETTI N A, AAGAARD P, BLAZEVICH A J, et al. Rate of force development: physiological and methodological considerations [J]. ?Eur J Appl Physiol, 2016, 116, 1091-1116.

[41] HAKKINEN K and MYLLYLA E. Acute effects of muscle fatigue and recovery on force production and relaxation in endurance, power and strength athletes [J]. Sports Med. Phys. Fitness, 1990, 30: 5-12.

[42] KAWAMORI N, ROSSI S J, JUSTICE B D, et al. Peak force and rate of force development during isometric and dynamic mid-thigh clean pulls performed at various intensities [J]. J Strength Cond Res, 2006, 20: 483-491.

[43] LOTURCO I, PEREIRA L A, LUCAS A, et al. Power output in traditional and ballistic bench press in elite athletes: Influence of training background [J]. Journal of Sports Sciences, 2019, 37 (3): 277-284.

[44] NEWTON R U, DUGAN E. Application of strength diagnosis [J]. Strength & Conditioning Journal, 2002, 24 (5): 50-59.

[45] 周爱国, 闫龙超. 预负荷练习对肌肉力量的影响研究 [J]. 北京体育大学学报, 2015, 38 (6): 114-118.

[46] WERSEHOSHANSKIJ J V. Grundlagen des Speziellen Krafttrainings [J]. in AdamD. /

Wersehoshanskij. J V. (Hrsg) Modernes Kraftraining im Sport. Trainerbibliothek, 1972, 4: 37-148.

[47] DELECLUSE C. Influence of strength training on sprint running performance [J]. Sports Medicine, 1997, 24 (3): 147-156.

[48] PADULO J, ANNINO G, D'OTTAVIO S, et al. Footstep analysis at different slopes and speeds in elite race walking [J]. J Strength Cond Res, 2013, 27 (1): 125-129.

[49] TAYLOR M J D, BENEKE R. Spring Mass Characteristics of the Fastest Men on Earth [J]. International journal of sports medicine, 2012, 33 (8): 667.

[50] LAFFAYE G, WAGNER P P and TOMBLESON T I L. Countermovement jump height: Gender and sport-specific differences in the force time variables [J]. J Strength Cond Res, 2014, 28 (4): 1096-1105.

[51] BALL N B, STOCK C G, SCURR J C. Bilateral contact ground reaction forces and contact times during plyometric drop jumping [J]. J Strength Cond Res, 2010, 24(10): 2762-2769.

[52] WALSH M, ARAMPATZIS A, SCHADE F, et al. The effect of drop jump starting height and contact time on power, work performed and moment of force [J]. J Strength Cond Res, 2004, 18: 561-566.

[53] SSTEANYSHYN D, NIGG B. Contribution of the lower extremity joints to mechanical energy in running vertical jumps and running long jumps [J]. Journal of Sport Sciences, 1998, 16: 177-186.

[54] FLANAGAN E P and COMYNS T M. The use of contact time and the reactive strength index to optimise fast stretch-shortening cycle training [J]. Strength Cond J, 2008, 30: 33-38.

[55] HAFF G G, TRIPLETT N T. Essentials of strength training and conditioning 4th edition [M].Champaign, IL: Human kinetics, 2015: 19-40.

[56] FLANAGAN E P, EBBEN W P and JENSEN R L. Reliability of the reactive strength index and time to stabilization during depth jumps [J]. Journal of Strength and Conditioning Research. 2008, 22 (5): 1677-1682.

[57] FLANAGAN E P, COMYNS T M. The use of contact time and the reactive strength index to optimize fast stretch-shortening cycle training [J]. Strength and Conditioning Journal, 2008, 30: 32-38.

[58] YOUNG W. Laboratory strength assessment of athletes [J]. New Study Athletics. 1995, 10: 88-96.

[59] KRIS B, Brian P C, MARK L. The Relationship Between Maximal Strength and Reactive

Strength [J]. International Journal of Sports Physiology and Performance, 2017, 12: 548-553.

[60] BECKHAM G K, SUCHOMEL T J, SOLE C J, et al. Influence of Sex and Maximum Strength on Reactive Strength Index-Modified [J]. J Sports Sci Med, 2019; 18(1): 65-72.

[61] 陈小平. 反应力量和反应力量的训练 [J]. 体育科学, 2001, 21 (5): 36-39.

[62] WILSON J M, LOENNEKE J P, JO E, et al. The effects of endurance, strength, and power training on muscle fiber type shifting [J]. J Strength Cond Res, 2012, 26 (6): 1724-1729.

[63] TAYLOR J L, GANDEVIA S C. A comparison of central aspects of fatigue in submaximal and maximal voluntary contractions [J]. Journal of Applied Physiology, 2008, 104 (2): 542-550.

[64] 田麦久. 运动训练学 [M]. 北京: 人民体育出版社, 2: 143.

[65] Lan J. Developing Speed [M]. America: Human Kinetics Publishers, 2013.

[66] 王卫星, 韩春远. 实用体能训练指南 [M]. 汕头: 汕头大学出版社, 2017: 449.

[67] 严进洪. 反应时与动作速度精确度之关系 [J]. 体育科学, 2001 (01): 66-68.

[68] 李城志. 教练员训练指南 [M]. 北京: 人民体育出版社, 1992: 349.

[69] 徐和庆, 林正峰, 王永斌. 肌肉运动的生物力学特征对动作速度训练的影响 [J]. 体育学刊, 2001 (04): 58-61.

[70] COLYER S, STOKES K, BILZON J, et al. Physical predictors of elite skeleton start performance [J]. International Journal of Sports Physiology and Performance, 2017, 12 (1): 81-89.

[71] 刘洪迅, 龙斌. 速度素质在现代竞技运动中的作用、影响因素及对策 [J]. 武汉体育学院学报, 2002 (05): 61-62.

[72] PARK, S, Lee K, KIM D, et al. Analysis of Forefoot Bending Angle in Sprint Spikes According to Bobsleigh Start Lap Time for Development of Korean-Specific Bobsledding Shoes [J]. Korean Journal of Sport Biomechanics, 2016, 26: 315-321.

[73] TOMAgGHELLI L S. Kinematic and Kinetic Factors Associated with Start Performance in Elite Luge Athletes [D]. Calgary: University of Calgary, 2015.

[74] KNETS I. SLEGTAS K. ANALIZE SPORTISTU STARTAM KAMANINU-BOBSLEJA TRASE [D]. Latvia, Rīga, 2012: 101.

[75] HUFFMA K and HUBBARD M. A Motion Based Virtual Reality Training Simulator for Bobsled Drivers [J]. The Engineering of Sport, 1996, 195-203.

[76] HASTINGS R. The Use of Computational Fluid Dynamics to Investigate and Improve the Aerodynamics of Bob Skeleton Racing [D]. Edinburgh: The University of Edinburgh, 2008.

[77] WINKLER A, Pernpeintner A. Automation of the aerodynamic shape development process of bobsleigh components [J]. Sports Technol, 3 (4) : 253-260.

[78] BERTON E, FAVIER D, AGNES A, et al. Aerodynamic optimization of a Bobsleigh configuration [J]. Int. J. Appl. Sports Sci, 2004, 16 (1) : 1-13.

[79] PERNPEINTNER A, WINKLER A. Lessons Learned from the Aerodynamic Shape Development Process of a Bobsleigh 8th Conference of the International Sports Engineering Association [C], 2010, 2, 2407-2412.

[80] Lewis O. Aerodynamic Analysis of a 2-man Bobsleigh [D]. Netherlands: TU Delft, 2006.

[81] 田麦久. 运动训练学 [M]. 北京: 人民体育出版社, 2 : 68.

[82] 辞海编辑委员会.《辞海》(第六版)[M]. 上海: 上海辞书出版社, 2009.

[83] 刘大庆. 我国潜优势项目特点及制胜规律的研究 [J]. 北京体育大学学报, 2012, 35 (11) : 108-114.

[84] PLATZER H P, RASCHNER C, PATTERSON C, et al. Performance-determining physiological factors in the luge start [J]. Journal of Sports Sciences, 2009, 27 (3) : 221-226.

[85] LEMBERT S, SCHACHNER O, RASCHNER C. Development of a measurement and feedback training tool for the arm strokes of high-performance luge athletes [J]. Journal of Sports Sciences, 2011, 29 (15) : 1593-1601.

[86] COLYER S, STOKES K, BILZON J, et al. Physical predictors of elite skeleton start performance [J]. International Journal of Sports Physiology and Performance, 2017, 12 (1) : 81-89.

[87] PARK S H, LIM S T, KIM T W. Measurement of electromyography during bobsleigh push-start: A comparison with world top-ranked athletes [J]. Science &Sports, 2018, 11(4) : 4-7.

[88] OSBECK J. S, MAIRORCA S N, and RUNDELL K W. Validity of field testing to bobsled start performance [J]. Journal of Strength and Conditioning Research, 1996, 10: 239-245.

[89] TASUKU S and SHOZO S. International comparison of fitness and performance in bobsleigh. In Creating Active Lifestyle: Health, Physical Education and Recreation in Lifelong Learning: Proceedings of the 36th ICHPER World Congress [C]. Tokyo: Tokyo Gakagei University Press, 1994.

[90] VERONIKA. Hip and shoulder kinematics during initial sled acceleration in luging-A Case

Study [J]. Human Movement, 2012, 13 (4): 344-349.

[91] KIVI D, SMITH S, DUCKHAM R, et al. Kinematic analysis of the skeleton start. Proceedings from the XXI International Symposium on Biomechanics in Sports [C]. Ottawa, Canada, Ontario, 2004, 450-452.

[92] TIM M. Using Common Methods For Uncommon Sports—The Unusual Winter Sport of Skeleton [J]. Journal of Australian Strength and Conditioning, 2016, 24 (3): 91-107.

[93] BULLOCK N, MARTIN D T, ROSS A, et al. Characteristics of the start in women's World Cup skeleton [J]. Sports Biomech, 2008, 7: 351-360.

[94] STEFFI L C, KEITH A S, JAMES L J, et al. The effect of altering loading distance on skeleton start performance: Is higher pre-load velocity always beneficial [J]. Journal of Sports Sciences, 2018, 36 (17): 1930-1936.

[95] COLYER S L, STOKES K A, BILZON J L., et al. Physical predictors of elite skeleton start performance [J]. International Journal of Sports Physiology and Performance, 2017, 12 (1), 81-89.

[96] KIVI D, Smith S, DUCKHAM R, et al. Kinematic Analysis of the Skeleton Start [J]. Medicine and Science in Sports and Exercise, 2002, 34 (4): 662-666.

[97] LEONARDI L M, KOMOR A, MONTE A D. An intercative computer simulation of bobsled push off phase with a multimember crew. In: Biomechanics X-B [C]. Champaign, IL: Human Kinetic, 1987, 761-766.

[98] LOPES A D, ALOUCHE S R. Two-Man Bobsled Push Start Analysis [J]. J Hum Kinet. 2016, 13 (50): 63-70.

[99] 袁晓毅, 胡忠忠, 景磊, 徐庆雷. 冬奥滑降项目竞技能力特征与制胜规律研究 [J]. 北京体育大学学报, 2019, 42 (05): 139-149.

[100] 郝磊, 王润极, 杨康, 吴昊. 钢架雪车运动员运动表现的影响因素及训练策略 [J]. 首都体育学院学报, 2020, 32 (04): 355-360.

[101] 张力为, 林岭, 赵福兰. 运动性心理疲劳: 性质、成因、诊断及控制 [J]. 体育科学, 2006, 26 (11): 49-56.

[102] ZANOLETTI C, TORRE A L, MERTI G. Relationship between push phase and final race time in skeleton performance [J]. Journal of Strength and Conditioning Research, 2006, 20 (3): 579-583.

[103] STANULA A, ROCZNIOK R, GABRYS T, et al. Relations between BMI, body mass and height, and sports competence among participants of the 2010 Winter Olympic Games

does sport metabolic demand differentiate [J]. Perceptual and Motor Skills, 2013, 117 (3): 837-854.

[104] 武林志, 唐琨, 廖丽萍, 段玉丞. 基于平昌冬奥会赛况及主场优势对我国雪车和钢架雪车发展的启示 [J]. 体育科研, 2019, 40 (03): 15-19.

[105] MEDINA I J, SOMERS V, JENKINS S, et al. Validation of a White-light 3D Body Volume Scanner to Assess Body Composition [J]. Obesity, Open Access, 2017, 3 (1): 2-3.

[106] HASTINGS R. The Use of Computational Fluid Dynamics to Investigate and Improve the Aerodynamics of Bob Skeleton Racing [D]. Edinburgh: The University of Edinburgh, 2008.

[107] MORLOCK M M and ZATISIORSKY V M. Factors Influencing Performance in Bobsledding: I: Influences of the Bobsled Crew and the Environment [J]. International Journal of Sports Biomechanics, 1988, 5: 208-222.

[108] BURGGEMANN G P, MORLOCK M, ZATSIORSKY V M. Analysis of the bobsled and men's luge events at the XVII olympic winter games in Lillehammer [J]. Journal of Applied Biomechanics, 1997, 13 (1): 98-108.

[109] ZANOLETTI C, TORRE A L, MERATI G. Relationship between push phase and final race time in skeleton performance [J]. Journal of Strength and Conditioning Research, 2006, 20 (3): 579-583.

[110] FEDOTOVA V and PILIPIVS V. Biomechanical Patterns of Starting Technique during Training and Competitive Events for Junior Lugers [J]. IFMBE Proceedings, 2010, 31: 282-285.

[111] BULLOCK N, MARTIN D T, ROSS A, et al. Characteristics of the start in women's World Cup skeleton [J]. Sports Biomechanics, 2008, 7: 351-360.

[112] HOKKIRIGAWA K. Tribology in Bobsleigh and skeleton toward Salt Lake from Nagano [J]. J Jap Soc Trib, 2002, 47: 69-74.

[113] PREMACHANDRA R, HORII H. micromechanics-based constitutive model of polycrystalline ice and fem analysis for prediction of ice ?forces [J]. Cold Regions Sc and Tech, 1994, 23 (1): 19-39.

[114] DABNICHKI P. Bobsleigh Performance Characteristics for Winning Design [J]. Procedia Engineering, 2015, 112: 436-442.

[115] 袁晓毅, 胡忠忠, 景磊, 徐庆雷. 冬奥滑降项目竞技能力特征与制胜规律研究 [J]. 北京体育大学学报, 2019, 42 (05): 139-149.

[116] PENNA E M, FILHO E, WANNER S P, et al. Mental Fatigue Impairs Physical Performance in Young Swimmers [J]. Pediatric Exercise Science, 2018, 30 (2): 208-215.

[117] STEFFI L C, KEITH A S, JAMES L, et al. Skeleton sled velocity profiles: a novel approach to understand critical aspects of the elite athletes'start phases [J]. Sports Biomechanics, 2018, 17 (2): 168-179.

[118] LARMAN R, TURNOCK S, HART J. Mechanics of the bob skeleton and analysis of the variation in performance at the St Moritz world championship of 2007 [J]. The Engineering of Sport, 2008, 7: 117-125.

[119] MULLALLY W J, FOSTER C, Winter Sports Medicine [J]. Human Kinetics, 2001, 19: 149-159.

[120] ROBERT R. Luge Participation is hard on the head [J]. The Physician and Sportsmedicine, 2017, 14 (11): 185-188.

[121] PERNPEINTNER A, WINKLER A. Lessons Learned from the Aerodynamic Shape Development Process of a Bobsleigh, 8th Conference of the International Sports Engineering Association [C]. 2010, 2: 2407-2412.

[122] HASTINGS R. The Use of Computational Fluid Dynamics to Investigate and Improve the Aerodynamics of Bob Skeleton Racing [D]. Edinburgh: The University of Edinburgh, 2008.

[123] PARK S, LEE K, KIM D, et al. Effects of the toe spring angle of bobsleigh shoes on bobsleigh start time and forefoot bending angle in preparation for the 2018 Pyeongchang Winter Olympics [J]. Footwear Science, 2017, 9 (1): 104-106.

[124] LIN S C, CHEN C P, TANG S F, et al. Changes in windlass effect in response to different shoe and insole designs during walking [J]. Gait &Posture, 2013, 37 (2): 235-241.

[125] PARK S, Lee K K, et al. Analysis of Forefoot Bending Angle in Sprint Spikes According to Bobsleigh Start Lap Time for Development of Korean-Specific Bobsledding Shoes [J]. Korean Journal of Sport Biomechanics, 2016, 26: 315-321.

[126] 陈小平. 对马特维耶夫"训练周期"理论的审视 [J]. 中国体育科技, 2003, 39 (4): 6-7.

[127] 陈小平. 运动训练生物学基础模型的演变：从超量恢复学说到运动适应理论 [J]. 体育科学, 2017, 37 (1): 3-13.

[128] 胡海旭, 金成平. 运动训练分期理论研究进展及其实践启示 [J]. 北京体育大学学报, 2020, 43 (1): 114-125.

[129] 陈小平. 运动训练长期计划模式的发展：从经典训练分期理论到"板块"训练分期理

论[J]. 体育科学, 2016, 36(2): 3-13.

[130] YAKOVLEV N N. Biochemistry of sport in the Soviet Union [J]. Medicine and Science in Sports and Exercise, 1975, 7(4): 237-247.

[131] STUART C A, RICHARDS D, CRIPTON P A. Injuries at the Whistler Sliding Center: a 4-year retrospective study [J]. Br J Sports Med, 2016, 50: 62-70.

[132] 袁晓毅, 武文雪, 王铭演等, 2017, 中国国家雪车队赛季训练安排研究[J]. 北京体育大学学报, 40(12): 107-114.

[133] SCOTT D J, DITROILO M, MARSHALL P. Complex training: the effect of exercise selection and training status on post — activation potentiation in rugby league players [J]. The Journal of Strength & Conditioning Research, 2017, 31(10): 2694-2703.

[134] IAIN R. Skeleton Bobsleigh Mechanics Athlete-Sled Interaction [D]. England: THE UNIVERSITY of EDINBURGH, 2013: 56.

[135] STEFFI L C, KEITH A S, JAMES L, et al. The effect of altering loading distance on skeleton start performance: Is higher pre-load velocity always beneficial [J]. Journal of Sports Sciences, 2018, 36(17): 1930-1936.

[136] COLYER S L, STOKES K A, BILZON J L, et al. The effect of alteringloading distance on skeleton start performance: is higher preload velocity always beneficial[J]Journal of Sports Sciences, 2018, 36(3): 2.

[137] IAIN R. Skeleton Bobsleigh Mechanics Athlete-Sled Interaction [D]. England: THE UNIVERSITY of EDINBURGH, 2013: 70.

[138] FEDOTOVA V and PILIPIV V. Hip and Shoulder Kinematics During Initial Sled Acceleration in Luging -A Case Study [J]. Human Movement, 2012, 13(4): 344-349.

[139] JANSSEN I, HEYMSFIELD S B, WANG Z, et al. Skeletal muscle mass and distribution in 468men and women aged 18-88yr [J]. Journal of Applied Physiology, 2014, 89: 81-88.

[140] IAIN R. Skeleton Bobsleigh Mechanics Athlete-Sled Interaction [D]. EDINBURGH: THE UNIVERSITY of EDINBURGH, 2013: 45.

[141] PLATZER H P. Performance-determining physiological factors in the luge start [J]. Journal of Sports Sciences, 2009, 27(3): 221-226.

[142] LEMBERT S, SCHACHNER O, RASCHNER C. Development of a measurement and feedback training tool for the arm strokes of high-performance luge athletes [J]. Journal of Sports Sciences, 2011, 29(15), 1593-1601.

[143] IRBE M G, KARLIS V, et al. Modelling of stiffness variability of skeleton sled on inclined ice plane. Proceedings of the 18th International Scientific Conference "Engineering for Rural Development [C]. Jelgava, Latvia, 2019: 1215-1220.

[144] IAIN R. Skeleton Bobsleigh Mechanics Athlete-Sled Interaction [D]. EDINBURGH: THE UNIVERSITY of EDINBURGH, 2013: 80.

[145] IAIN R. Skeleton Bobsleigh Mechanics Athlete-Sled Interaction [D]. EDINBURGHTHE: UNIVERSITY of EDINBURGH, 2013: 91.

[146] IAIN R. Skeleton Bobsleigh Mechanics Athlete-Sled Interaction [D]. EDINBURGH: THE UNIVERSITY of EDINBURGH, 2013: 111.

[147] IAIN R. Skeleton Bobsleigh Mechanics Athlete-Sled Interaction [D]. EDINBURGH: THE UNIVERSITY of EDINBURGH, 2013: 113-114.

[148] 袁运平, 王卫. 运动员体能结构与分类体系的研究 [J]. 首都体院学报, 2003 (2): 24-28.

[149] 裘晟, 李捷, 李端英, 李稚, 王晓军. 中美体能训练的认识差异与体能训练的生物原则概论（上）[J]. 广州体育学院学报, 2016, 36 (06): 1-4.

[150] 杨世勇, 李遵, 唐照华, 等. 体能训练学 [M]. 成都: 四川科学技术出版社, 2002: 8.

[151] ABERNETHY P J, THAYER R, TAYLOR A W. Acute and chronic responses of skeletal muscle to endurance and sprint exercise [J]. A review. Sports Med, 1990, 10 (6): 365-389.

[152] CADEFAU J, CASADEMONT J, GRAU J M, et al. Biochemical and histocher adaptation to sprint training in young athletes [J]. Acta Physiol Scand, 1990, 140 (3): 341-351.

[153] PARKHOUSE W S and MCKENZIE D C. Possible contribution of skeletal muscle buffers to enhanced anaerobic performance: a brief review [J]. Med. Sci. Sports Exerc, 1984, 16 (4): 328-338.

[154] MORLOCK M M and ZATSIORSKY V M. Factors Influencing Performance in Bobsledding: I: Influences of the Bobsled Crew and the Environment [J]. International Journal of Sports Biomechanics, 1988, 5: 208-222.

[155] PARK S, LEE K, KIM D, et al. Bobsleigh start interval times and three-dimensional motion analysis of the lower limb joints in preparation for the 2018 Pyeongchang Winter Olympics. 35th Conference of the International Society of Biomechanics in Sports [C], Cologne, Germany, 2017, 14-18.

[156] 科孜洛夫. 短跑与专项练习肌肉活动的对比 [J]. 武汉体院译报, 1993 (1): 36-40.

[157] BULLOCK N,MARTIN D T,ROSS A,et al. Characteristics of the start in women's World Cup skeleton [J]. Sports Biomech,2008,7:351-360.

[158] KIVI D,Smith S,DUCKHAM R,et al. Kinematic Analysis of the Skeleton Start [J]. Medicine and Science in Sports and Exercise,2002,34 (4):662-666.

[159] TIM M. Using Common Methods For Uncommon Sports—The Unusual Winter Sport of Skeleton [J]. Journal of Australian Strength and Conditioning,2016,24 (3):91-107.

[160] FEDOTOVA V and PILIPIVS V. Biomechanical Patterns of Starting Technique during Training and Competitive Events for Junior Lugers [J]. IFMBE Proceedings,2010,31:282-285.

[161] YOGANANDAN N,PINTAR F A. Inertial loading of the human cervical spine [J]. Journal of Biomechanical Engineering,1997,119:237-240.

[162] ALRICSSON M,HARMS-RINGDAHL K,LINDER J,et al. Neck muscle strength and endurance in fighter pilots:Efefcts of a supervised training program [J]. Aviation Space and Environmental Medicine,2004,75:23-28.

[163] PLATZER H P,RASCHNER C,PATTERSON C. Performance-determining physiological factors in the luge start [J]. Journal of Sports Sciences,2009,27 (3):221-226.

[164] FEDOTOVA V and PILIPIVS V. Biomechanical Patterns of Starting Technique during Training and Competitive Events for Junior Lugers [J]. IFMBE Proceedings,2010,31:282-285.

[165] 乔淇淇,王新,康灵,夏忠梁. 经颅直流电刺激技术对运动表现影响的国外研究进展 [J]. 体育科学,2020,40 (6):83-95.

[166] 黎涌明,邱俊强,徐飞,等. 奥运会运动员竞技表现提升的非训练类策略:基于国际创新成果与实践应用 [J]. 北京体育大学学报,2020,43 (4):51-63.

[167] 庄薇,邵恩,朱志强,傅维杰,刘宇. 基于世界级运动员身体形态、机能及素质特征的雪上项目冠军模型研究 [J]. 体育科学,2018,38 (10):80-88.

[168] HASTINGS R. The Use of Computational Fluid Dynamics to Investigate and Improve the Aerodynamics of Bob Skeleton Racing [D]. Edinburgh:The University of Edinburgh,2008.

[169] 蔡家东. 竞技运动训练前沿理论与实践创新丛书:动作—功能动作训练体系 [M]. 北京:北京体育大学出版社,2011.

[170] 董柔,黄俭,唐杨. 基于功能动作筛查的大学生运动损伤发病率预防方法 [J]. 科学技术与工程,2019,19 (23):36-41.

[171] DEYDRE S T, SCOTT W S, CHELSEA L L, et al. The Functional Movement Screen: A Reliability Study [J]. J Orthopaedic Sports Physical Therapy, 2012, 42 (6): 530-540.

[172] PARADISSIS G P, COOKE C B. The effects of sprint running training on sloping surfaces [J]. The Journal of Strength &Conditioning Research, 2006, 20 (4): 767-777.

[173] EBBEN W P. The optimal downhill slope for acute overspeed running [J]. International journal of sports physiology and performance, 2008, 3 (1): 88-93.

[174] 李广文, 李鸿江. 现代100m跑运动员速度, 步态变化特征理论的应用 [J]. 首都体育学院学报, 2009, 21 (2): 250-253.

[175] LOCKIE R G, MURPHY A J, SPINKS C D. Effects of resisted sled towing on sprint kinematics in field-sport athletes [J]. J Strength Cond Res, 2003, 17: 760-767.

[176] MURRAY A, AITCHISON T C, ROSS G, et al. The effect of towing a range of relative resistances on sprint performance [J]. J Sports Sci, 2005, 23: 927-935.

[177] Maulder P S, Bradshaw E J, Keogh J W. Kinematic alterations due to different loading schemes in early acceleration sprint performance from starting blocks [J]. J Strength Cond Res, 2008, 22: 1992-2002.

[178] ALCARAZ P E, PALAO J M, ELVIRA J L, et al. Effects of three types of resisted sprint training devices on the kinematics of sprinting at maximum velocity [J]. J Strength Cond Res, 2008, 22: 890-897.

[179] ALCARAZ P E, PALAO J M, ELVIRA J L. Determining the optimal load for resisted sprint training with sled towing [J]. J Strength Cond Res, 2009, 23: 480-485.

[180] MARTINEZ-VALENCIA M A, GONZALEZ-RAVE J M, SANTOS-GARCIA D J, et al. Interrelationships between different loads in resisted sprints, half-squat 1 RM and kinematic variables in trained athletes [J]. Eur J Sport Sci, 2014, 14: 18-24.

[181] BULLOCK N, MARTIN D T, ROSS A, et al. Characteristics of the start in women's World Cup skeleton [J]. Sports Biomech, 2008, 7: 351-360.

[182] KIVI D, SMITH S, DUCKHAM R, et al. Kinematics Analysis Of The Skeleton Start. Proceedings from the 22nd International Symposium on Biomechanics in Sports[C]. Ottawa, Canda, Ontario, 2004.

[183] ATWATER A E. Kinematic analysis of sprinting [J]. Track and Field Quarterly Review, 1982, 82 (2): 12-16.

[184] HARLAND M J and STEELE J R. Biomechanics of the sprint start [J]. Sports Medicine, 1997, 23 (1): 11-20.

[185] LEONARDI L M, KOMOR, Monte A D. An intercative computer simulation of bobsled push off phase with a multimember crew[M]. In: Biomechanics X-B. Champaign, IL: Human Kinetic, 1987: 61-766.

[186] FEDOTOVA V, PILIPIV V. Hip and shoulder kinematics during initial sled acceleration in luging-A Case Study [J]. Human Movement, 2012, 13（4）: 344-349.

[187] 武露灵, 季师敏. 优秀运动员机能评定中肌酸激酶、血尿素氮等指标的个体化研究[J]. 体育与科学, 2008, 17（2）: 32-33.

[188] 冯连世, 冯美云, 冯炜权. 优秀运动员身体机能评定方法[M]. 北京: 人民体育出版社, 2003.

[189] 何丽华, 王生, 刘斌, 叶康平, 杨丽莉. 静态负荷家兔血清肌型肌酸激酶同工酶和乳酸脱氢酶同工酶的变化 [J]. 工业卫生与职业病, 2003（01）: 42-45.

[190] 齐华, 周越. 利用心率变异指标评价运动员睡眠质量[J]. 中国体育科技, 2009, 45（06）: 83-86.

[191] 廖鹏, 郝雯, 隋永浩, 陈欣, 田子安, 金宗强. 午睡时长对运动员夜间睡眠质量的影响[J]. 天津体育学院学报, 2018, 33（03）: 224-229.

[192] 姜自立, 李庆. 李庆短跑训练理念研究[J]. 体育科学, 2018, 38（02）: 55-64.

[193] 田麦久, 刘爱杰, 易剑东. 聚焦"跨项选材": 我国运动员选拔培养路径的建设与反思[J]. 体育学研究, 2018, 1（05）: 69-77.

[194] VAEYENS R, LENOIR M, WILLIAMS A M, et al. Talent identification and development programmes in sport [J]. Sports Med, 2008, 38（9）: 703-714.

[195] VAEYENS R, LENOIR M, WILLIAMS A M, et al. Talent Identification and Development Programmes in Sport. Current Models and Future Directions [J]. Sports Med 2008, 38（9）: 703-714.

[196] Bullock N, Martin D T, Ross A, et al. Characteristics of the start in women's World Cup skeleton [J]. Sports Biomechanics, 2008, 7: 351-360.

[197] Colyer S, Stokes K, Bilzon J, et al. Physical predictors of elite skeleton start performance [J]. International Journal of Sports Physiology and Performance, 2017, 12（1）: 81-89.

[198] Sands W A, Smith S L, Kivi D M, et al. Anthropometric and physical abilities profiles: US National Skeleton Team [J]. Sports Biomechanics, 2005, 4: 197-214.

[199] Hastings R. The Use of Computational Fluid Dynamics to Investigate and Improve the Aerodynamics of Bob Skeleton Racing[D]. Edinburgh: The University of Edinburgh, 2008.

[200] PLATZER H P, RASCHNER C, PATTERSON C. Performance-determining physiological factors in the luge start [J]. Journal of Sports Sciences, 2009, 27 (3): 221-226.

[201] CROSSLAND B W, HARTMAN J E, KILGORE J L, et al. Upper-body anthropometric and strength measures and their relationship to start time in elite luge athletes [J]. J Strength Cond Res. 2011, 25 (10): 2639-2644.

[202] 周文婷. 有氧能力关联基因多态与技巧类滑雪运动员跨项选材 [J]. 武汉体育学院学报, 2019, 53 (06): 66-71.

[203] KIKUCHI N, NAKAZATO K. Effective utilization of genetic information for athletes and coaches: focus on ACTN3 R577X polymorphism [J]. J Exerc Nutrition Biochem, 2015, 19 (3): 157-164.

[204] NORMAN B, ESBJORNSSON M, RUNDQVIST H, et al. ACTN3genotype and modulation of skeletal-muscle response to exercise in human subjects [J]. J Appl Physiol, 2014, 116 (9): 1197-1203.

[205] AHMETOV I I, DONNIKOV A E, TROFIMOV D Y. Actn3genotype is associated with testosterone levels of athletes [J]. Biol Sport, 2014, 31 (2): 105-108.

[206] NEWSOME W T. Deciding about motion: linking perception to action [J]. Journal of comparative Physiology A: Neuroethology, Sensory, neural, and Behavioral Physiology, 1997, 181 (1): 5-12.

[207] 刘洋, 漆昌柱, 秦杰. 视觉运动追踪及其在体育运动中的应用与启示 [J]. 武汉体育学院学报, 2018, 52 (08): 78-84.

[208] VAEYENS R, LLICH G A, WARR C R, et al. Talent identification and promotion programmes of Olympic athletes [J]. J Sports Sci, 2009, 27 (13): 1367-1380.

[209] 黎涌明, 陈小平, 冯连世. 运动员跨项选材的国际经验和科学探索 [J]. 体育科学, 2018, 38 (08): 3-13.

[210] COLLINS R, COLLINS D, MACNAMARA A, et al. Change of plans: an evaluation of the effectiveness and underlying mechanisms of successful talent transfer [J]. J Sports Sci, 2014, 32 (17): 1621-1630.

[211] 武林志, 唐琨, 廖丽萍, 段玉丞. 基于平昌冬奥会赛况及主场优势对我国雪车和钢架雪车发展的启示 [J]. 体育科研, 2019, 40 (03): 15-19.

[212] HOGAN K and NORTON K. The price of Olympic gold [J]. Journal of Science and Medicine in Sport, 2, 2: 203-218.

[213] 姜志远, 张莉清. 经验与启示: 以奥运会为导向的英国运动员跨项选材 [J]. 沈阳体育

学院学报，2019，38（02）：72-77．

[214] 刘卫民，王健．运动员选材过程的反思与重构[J]．北京体育大学学报，2015，38（09）：123-129+135．

[215] 张欣，杨军，赵亮，张霈．我国排球"跨界跨项"选材中关键问题的研究[J]．武汉体育学院学报，2018，52（04）：81-86．

[216] ABBOTT A，COLLINS D．Eliminating the dichotomy between theory and practice in talent identification and development：Considering the role of psychology[J]．Journal of Sports Sciences，2004，22：395-408．

[217] MACNAMARAA，Button A，COLLINS D．The role of psychological characteristics in facilitating the pathway to elite performance．Part 1：Identifying mental skills and behaviors [J]．The Sport Psychologist，2010，24：52-73．

[218] MACNAMARAA，Button A，COLLINS D．The role of psychological characteristics in facilitating the pathway to elite performance．Part 2：Examining environmental and stage related differences in skills and behaviors [J]．The Sport Psychologist，2010，24：74-96．

[219] ABBOTT A，COLLINS D．Eliminating the dichotomy between theory and practice in talent identification and development：considering the role of psychology [J]．Journal of Sports Sciences，2004，22（5）：395-408．

[220] 朱志根．第32届夏季奥运会延期对我国奥运备战工作的影响及其对策——在应对东京奥运会延期举办系列座谈会上的发言[J]．中国体育科技，2020，56（07）：3-4．

[221] CUTLER M．Covid-19set to halve 2020sports calendar [EB/OL]．2020-04-20．https：//twocircles．com/gb-en/arti?cles/covid-to-halve-2020-sports-calendar/

[222] 张力为，毕晓婷．第32届夏季奥运会延期的心理应对[J]．中国体育科技，2020，56（07）：5．

[223] 黎涌明，邱俊强，徐飞，等．奥运会运动员竞技表现提升的非训练类策略：基于国际创新成果与实践应用[J]．北京体育大学学报，2020，43（4）：51-63．

[224] Tang J E，PHILLIPS S M．Maximizing muscle protein anabolism：the role of protein quality．[J] Curr Opin Clin Nutr Metab Care，2009，12（1）：66-71．

[225] 谷美，郑楠，刘慧敏，孟璐，赵善仓，董燕婕，苏传友，赵慧芬，李松励，王加启．我国生乳国家标准主要指标对比[J]．食品科学，2019，40（07）：320-327．

[226] 健身干货分享君．常见8种烹饪方式，影响食物营养的流失[EB/OL]．https：//www.jianshu．com/p/a37c3f2e4217，2018-10-07/2020-9-9．

[227] 康琰琰，张援，陈颖，等．优秀赛艇运动员膳食营养KAP调查分析[J]．中国体育科

技，2015，2：89-93.

[228] Medina-Inojosa J, Somers V, Jenkins S, et al. Validation of a White-light 3D Body Volume Scanner to Assess Body Composition [J]. Obesity, Open Access, 2017, 3 (1)：2-3.

[229] 高炳宏，韩恩力，曹佩江. 我国优秀男子柔道运动员身体成分特征及无氧代谢能力的关系研究 [J]. 天津体育学院学报，2006，21 (3)：220-224.

[230] 屈成刚. 优秀举重运动员降体重后体重控制与运动能力恢复的个案研究 [J]. 中国体育科技，2011，47 (3)：59-64.

[231] 周迎松，陈小平. 六大营养素与体能 [J]. 中国体育科技，2014，50 (4)：91-101.

[232] 李莹，李进华. 运动、营养和免疫功能—宏量营养素和氨基酸 [J]. 沈阳体育学院学报，2013，32 (4)：82-86.

[233] WILKINSON S B, TARNOPOLSKY M A, MACDONALD M J, et al. Consumption of fluid skim milk promotes greater muscle protein acceleration after resistance exercise than does consumption of an isonitrogenous and isoenergentic soy-protein beverage [J]. Am J Cin Nutr，2007，85 (4)：1031-1040.

[234] 蒋志学. 运动员合理营养知识手册 [M]. 北京：北京体育大学出版社，2012：1-4.

[235] 沈立萍. 运动营养补剂与人体运动能力 [J]. 南京体育学报，2005 (4)：57.

[236] PIAT S C, MINNITI D, TRAVERSI D, et al. Torino2006 Winter Olympic Games：highlight on health services organization [J]. Journal of Emergency Medicine，2010，39 (4)：454.

[237] ENGEBRETSEN L, STEFFEN K, ALONSO J M, et al. Sports injuries and illnesses during the Winter Olympic Games 2010 [J]. British Journal of Sports Medicine，2010，44：772-780.

[238] SOLIGARD T, STEFFEN K, PALMERr G D, et al. Sports injuries and illnesses in the Sochi 2014 Olympic Winter Games [J]. British Journal of Sports Medicine，2015，49：441-447.

[239] 巨雷，于滢，孙智博，李佳，赵文艳，王宏坤，王春晓. 我国雪车项目运动损伤特点及防治 [J]. 哈尔滨体育学院学报，2018，36 (02)：24-27.

[240] 杨志栋，王晓倩. 运动损伤研究现状综述 [J]. 沈阳体育学院学报，2004，23 (6)：786-788.

[241] 刘瑞东，陈小平，陆亨伯. 功能动作筛查在青少年动作与姿态测试中的应用及其与身体素质表现的相关性研究 [J]. 武汉体育学院学报，2015，49 (8)：82-86.

[242] KALRON A, BAR-SELA S. A systematic review of the effectiveness of Kinesio taping—

fact or fashion [J]. Eur J Phys Rehabil Med, 2013, 49 (5): 699-709.

[243] ZANCA G G, MATTIELLO S M, KARDUNA A R. Kinesio taping of the deltoid does not reduce fatigue induced deficits in shoulder joint position sense [J]. Clin Biomech (Bristol, Avon), 2015, 30 (9): 903-907.

[244] OPAR D A, WILLIAMS M D, TIMMINS R G, et al. Eccentric hamstring strength and hamstring injury risk in Australian foot-ballers [J]. Med Sci Sports Exerc, 2015, 47 (4): 857-865.

[245] 曹峰锐. "腘绳肌离心收缩力矩/股四头肌向心收缩力矩"在预防腘绳肌运动性拉伤和膝关节前交叉韧带损伤方面的应用 [J]. 中国体育科技, 2017, 53 (02): 43-52.

[246] UNDHEIM M B, COSGRAVE C, KING E, et al. Isokinetic muscle strength and readiness to return to sport following anterior cruciate ligament reconstruction: is there an association?A systematic review and a protocol recommendation [J]. Br J Sports Med, 2015, 49 (20): 1305-1310.

[247] ABRAMS G D, HARRIS J D, GUPTA A K, et al. Functional performance testing after anterior cruciate ligament reconstruction: A systematic review [J]. Orthop J Sports Med, 2014, 2 (1): 1-10.

[248] 闫鹏宇, 张新安. 核心训练及其预防运动损伤的作用研究进展 [J]. 沈阳体育学院学报, 2018, 37 (03): 83-88.

[249] BEN K W, PRESS J, SCIASCIA A. The role of core stability in athletic function [J]. Sports Med, 2006, 36: 189-198.

[250] 于红妍, 王虎, 冯春辉, 等. 核心力量训练与传统力量训练之间关系的理论思考——核心稳定性训练 [J]. 天津体育学院学报, 2008, 23 (6): 509-511.

[251] BARROSO R, TRICOLI V, SANTOS G S, et al. Maximal strength, number of repetitions, and total volume are differently affected by static-, ballistic-, and proprioceptive neuromuscular facilitation stretching [J]. J Strength Cond Res, 2012, 26: 2432-2437.

[252] 袁晓毅, 武文雪, 王铭演, 等. 中国国家雪车队赛季训练安排研究 [J]. 北京体育大学学报, 2017, 40 (12): 107-114.

[253] 曹峰锐. "腘绳肌离心收缩力矩/股四头肌向心收缩力矩"在预防腘绳肌运动性拉伤和膝关节前交叉韧带损伤方面的应用 [J]. 中国体育科技, 2017, 53 (2): 43-52.

[254] 钟运健, 刘宇, 傅维杰, 魏书涛, 伍勰, 李庆. 高速跑时下肢双关节肌做功特性及拉伤风险的生物力学分析 [J]. 体育科学, 2014, 34 (11): 60-66.

[255] ROBERT R. Luge Participation is Hard on the Head [J]. The Physician and Sports medicine,

1986，14（11）：185-188.

[256] DRUMMOND P D, LANCE J W. Thermographic changes in cluster headache [J]. Neurology，1984，34（10）：1292-1298.

[257] 杨宸灏，杨洋，胡齐，肖松林，刘莉，傅维杰，刘宇. 紧身服装在冬奥竞速运动项目中的研究与应用现状 [J]. 中国体育科技，2020，56（01）：24-30.

[258] ASMUSSEN E and BOJE O. Body 1temperature and capacity for work [J]. Acta Physiol. Scand，1945，10：1-22.

[259] CHRISTIAN C，DANNY H，SCOTT D，et al. Designing a Warm-Up Protocol for Elite Bob-Skeleton Athletes [J]. International Journal of Sports Physiology and Performance，2013，8：213-215.

[260] 席蕊，周敬滨，高奉，田阁，贺忱，李国平. 不同牵拉技术在预防运动损伤中对不同运动能力即时效应的研究进展 [J]. 体育科学，2018，38（11）：75-80.

[261] 于洋，董宝强，李春日，高玉. 足三阳经筋与肌筋膜链比较研究 [J]. 辽宁中医药大学学报，2017，19（03）：173-175.

[262] 罗文轩，蔡秉洋，李佳玥，何彦澄，杜琳，高梦蕉，陈宗俊，史银春，肖永华. 经筋学说与肌筋膜链理论相关性初探 [J]. 中医杂志，2020，61（14）：1220-1224.

[263] 张力为，毛志雄. 运动心理学 [M]. 北京：高等教育出版社，2007.

[264] 李京诚. 心理技能训练. 运动心理学 [M]. 北京：北京体育大学出版社，2012.